AF599765

Una vida soñada

¿Es posible la grandeza?
Pasos para diseñar tu destino

Asteria Reyes

Aliarediciones

Corrección: Inés González Calo
Diseño de cubierta: Aliar Ediciones
Maquetación: Aliar Ediciones

Depósito Legal: GR 576-2024
ISBN: 978-84-10155-96-1

Impreso en España

Edita
ALIAR Ediciones
www.aliarediciones.es
info@aliarediciones.es

Una vida soñada

¿Es posible la grandeza?
Pasos para diseñar tu destino

Asteria Reyes

Cuando conocí a Asteria vi a una mujer con mucho empuje, siempre buscando ser mejor, eso admiré de ella. La verdad es que admiro mucho el crecimiento que ha ido obteniendo, porque he podido notarlo y he sido muy privilegiada de ser parte de este cambio como su mentora.

Cuando me enteré de que escribiría un libro fue increíble, Asteria tiene mucho conocimiento para compartir, muchas ganas de enseñar al mundo, con un gran carisma, lo que ayuda a ser una perfecta *coach* para motivar a más mujeres a salir adelante.

Felicitaciones, Asteria. Te mereces este y más éxitos, eres una gran líder.

GEO Murillo
Desde Canadá
Coach

Qué decir de Asteria, una mujer culta, luchadora y entregada que ha sabido superar todas las pruebas de la vida y que ahora escribe un maravilloso libro que ayudará mucho al empoderamiento de las mujeres, tanto de su país, Bolivia, como a mujeres de todo el mundo.

Un libro de empoderamiento de la mujer escrito por una mujer empoderada.

Si lo sueñas, lo puedes.

Muchos éxitos a Asteria y su libro.

Joan Antonio Avilés
Desde Barcelona
Periodista y pintor

Asteria Reyes es una gran emprendedora y desde que la conocí siempre ha estado interesada en el crecimiento personal, claramente orientada a ayudar a otras personas para que puedan crecer en base a sus propias experiencias y conocimientos.

Este libro, *Una vida soñada* es un auténtico relato de superación, de fácil lectura y comprensión, con un enfoque práctico que nos presenta una serie de reflexiones y afirmaciones que están a nuestro alcance para conseguir superarse y conseguir la grandeza personal, sobre todo, en el conocimiento de los diversos estados de conciencia para llegar al máximo nivel de «conciencia despierta» que es lo que nos permite alcanzar nuestro equilibrio interior y sentirnos en coherencia y satisfacción interna.

Es el claro ejemplo de que «LO QUE CREES, LO PUEDES CREAR».

Germán Mur
Desde Barcelona
Consultor Empresarial

Asteria Reyes es una mujer determinada, cuyo libro cuenta las experiencias y desafíos que ha vivido y superado. Si buscas algo que conecte con tu esencia, esta es la líder que necesitas: enfocada y focalizada con su propósito a servir a la comunidad hispana. Aprovecha este libro, te va a inspirar y a transformar.

Bely Torres
Desde Perú
Creadora de la Escuela de Autores con Propósito

Dedicatoria

Con amor dedico a todas las madres valientes que han ejercido el rol de padre y madre, y que jamás se rinden; en especial a mi madre, que vive eternamente en mi corazón.

Madre es aquella que ama con el amor verdadero, no hay en el mundo un amor más incondicional y altruista que nos permita vivir de forma más pura en la verdad. Y ese vínculo se creó desde el momento en que tu madre te llevó en su vientre, y traspasa cualquier barrera. Este amor hace que un ser humano logre lo imposible.

Prefacio de la autora

El libro que tienes en tus manos te va a sorprender muchísimo, quizás desees escribir tu propia historia después de leerlo. Es mi historia real, pero también podría ser la tuya, ya que todos tenemos algo que contar, y es una de las razones por las que he querido narrar abiertamente, sin avergonzarme de quién soy. Aunque siempre he sido una mujer tímida, reservada y discreta, de ideas fijas, no tengo que pedir permiso ni perdón para sentirme en total libertad de contarles el proceso de mi cambio. Estoy segura de que podría ayudar a muchas personas con mi historia.

«Tu historia merece ser CONTADA».

Bely Torres.

Mi deseo es despertar en la gente una comprensión de sus posesiones actuales y ayudarles a comprender el principio de la conciencia humana que controla la expresión de la vida; de manera que, al transformar, se conviertan en merecedores de toda la abundancia existente y dejen de buscar la felicidad en algún cielo lejano, para así comenzar a disfrutar el que pueden crear aquí y ahora. Cada ser humano tiene la capacidad de irradiar sus fuerzas mentales de tal forma que puede lograr lo que desea.

Introducción

¿Quién es Asteria Reyes?

Soy boliviana, nací en la provincia de Cochabamba, en un pueblo llamado Aiquile Higos Pampa; crecí y viví toda mi infancia en aquel pueblo hasta cumplir los dieciocho años. Mis padres son agricultores y soy hermana menor de cinco hermanas; vivimos en aquel pueblo en una extrema pobreza por la falta de lluvia y recursos. Mis padres dependían de la producción de la agricultura y de su valor, si eso no les resultaba, entonces su trabajo se iba al vacío. Prácticamente vivir en aquel pueblo era un sacrifico, por lo que las personas tomaban la decisión de marcharse a la ciudad; sin embargo, mis padres no tuvieron esa mentalidad de dejar el pueblo, por tanto, me tocó quedarme junto a ellos allí, donde ni siquiera había un colegio.

Asistí a una escuela que estaba a siete kilómetros de mi casa y no había ningún transporte para llegar hasta ella, así que me tocaba caminar siete kilómetros para llegar y otros siete más para regresar; así fue a diario, pero no era la única que hacía ese recorrido. Todos los niños de mi pueblo hacíamos ese trayecto a diario, muchas veces hacía demasiado frío, sol y lluvia, pero eso no nos detenía a seguir estudiando.

Así fue durante años hasta terminar la primaria; sin duda, las condiciones de vida eran escasas, pero nuestros padres no se podían permitir llevarnos a la ciudad. Yo empecé a trabajar a los catorce años, era muy normal trabajar a esa edad, incluso la mayoría de los niños de la escuela trabajábamos ayudando en las cocinas, las tiendas, lavando ropa, o en el campo. Mi primer trabajo era lavar ropa, así empecé a ganarme el dinero para ayudar en casa, aunque eso no era suficiente porque mis padres siempre estaban en escasez, mi madre padecía enfermedades que constantemente hacían que el dinero se fuese en la medicina.

La frase «sueña en grande» jamás se escuchó en mi casa, mis padres eran de los que dicen que de nada hay suficiente. «No hay dinero, el valor de nuestros productos está muy bajo, la salud de tu madre es delicada, no hay tiempo para hacer otras cosas, no puedes seguir estudiando porque no puedo pagar tus estudios». Y así. Esto era lo que se escuchaba en casa. De hecho, llegué a creer que ser pobre era mi destino.

Estuve muchos años viviendo lo que se me había dicho en casa, pero a medida que iba creciendo empecé a buscar algo más que esa simple vida de escasez.

En cuanto cumplí la mayoría de edad, al igual que el resto de la gente de mi pueblo, me fui a la ciudad. Pero no era suficiente, yo deseaba irme a otro país, y así empezó mi aventura.

No fue nada fácil adaptarse a otros países por la diferencia de sus culturas o costumbres; por esa razón, constantemente decidía cambiar de país en país. Estuve en Argentina, Brasil y España. Hubo años en los que me sentía muy desubicada en la vida.

En cada país veía la vida muy difícil, llena de sacrificios, con muchas horas de trabajo para llegar a fin de mes. A veces uno piensa que estar en otro país es muy fácil, pero la verdad es que si no tienes una mentalidad de prosperidad, la pobreza siempre estará contigo, ahí donde vayas.

Para mí era más difícil, por la razón de que ya no estaba en casa de papá, tías o hermanas que me ayudasen con la niña o con un plato de comida servido. Desde luego, la necesidad de sobrevivir en el extranjero era doble, y empecé a ver la vida afirmando que «la vida es muy dura para los pobres».

Esa misma idea de pobreza hizo que buscara una vida diferente.

Presentación

Todo empezó cuando las cosas parecían muy malas en mi vida, incluso llegué a pensar que Dios me había abandonado y sentía que todo era un castigo por algo; me preguntaba constantemente por qué y, sobre todo, por qué a mí.

Recuerdo esta frase que una amiga siempre me repetía, por la que casi siempre solía estar muy abrumada por los problemas: «Dios aprieta, pero no ahorca», y agregaba: «Resiste con valentía, pues, cuando sientas que no puedes más con tanto en tu vida, Dios te bendecirá y tu vida para mucho bien cambiará. Ten fe». Pero yo sentía que había perdido la fe en Dios, mi respuesta solía ser una súplica hacia él, que me ahogaba de una vez. Seguramente no soy la única que ha llegado hasta este punto, ¿verdad?

Los problemas que estaba atravesando eran muy dolorosos, entre ellos: pérdidas familiares, deudas, una relación con maltratos físicos, juicios que llevaban unos diez años aproximadamente... saltaba de problema en problema y con una niña en brazos en un país donde no tenía a nadie ni nada, excepto problemas. Me sentía cansada con la vida, pero al mismo tiempo sabía que no me iba a rendir, porque tenía una hija a quien alimentar.

También estoy segura de que no soy la única que ha atravesado estas situaciones tan devastadoras como la muerte de una madre, ese dolor tan profundo que te deja indefensa, vacía, que no sabes con qué llenar. Esa ausencia insustituible que en su momento pensé que jamás superaría, me negué a aceptarlo; sin embargo, no era muy consciente del dolor que me estaba causando a mí misma, empecé a vivir más de lo mismo. Al poco tiempo murió mi mejor amiga con tan solo veintitrés años. A continuación se me sumó otro abandono, el del padre de mi hija y, obviamente, no faltaron los problemas económicos. Hubo algunos años en los que me sentía culpable de todo, y a la vez víctima. «Pobre de mí, todo me pasa», me repetía constantemente.

¿Verdad que cuando vives tantos problemas ya no temes a nada? Eso me ocurría a mí, era como tocar fondo.

Pero había algo en mí que me decía que había algo más en la vida, y eso hacía que yo estuviera agradecida; en medio de todo veía cosas positivas y agradecía a Dios por permitirme seguir con vida, incluso cuando no tenía nada para dar de comer a mi hija me decía que lo más importante era que estaba trabajando, aunque no parecía suficiente, pero estábamos bien de salud. Eso me ayudaba a tener una actitud positiva hacia toda dificultad.

Esa misma actitud me llevó a tomar muchas decisiones que a lo largo de mi vida me ayudaron a ver luz en medio de la oscuridad.

A continuación, me puse a estudiar, obtuve algunos títulos profesionales que me ayudaron a enfocarme en algunas cosas que deseaba en la vida, pero eso no era suficiente para librarme de los problemas. Aun así, ya no solía estar tan abrumada porque estaba ocupada estudiando o enfocada en solucionar cosas. Eso me daba una tranquilidad.

«Allí donde está tu mente, estás tú».

Saint Germain.

Justo en aquel momento, conocí en un evento de trabajo a unos chicos que no paraban de hablar sobre PNL[1], me pareció tan interesante que no pude evitar preguntar más sobre el tema. Mi pregunta fue básica: ¿qué es PNL? Porque no tenía ni idea de qué era eso. Uno de ellos me respondió que era aprender a reprogramar el lenguaje de tu propia mente a través de estrategias y técnicas, para alcanzar tus metas y objetivos; es una herramienta que ayuda a lograr todo lo que deseas. ¡Guau! Me quedé impresionada y no dudé en buscar más información sobre ello, enseguida me inscribí a un curso gratuito sobre PNL.

En ese curso explicaban que se cambian patrones mentales y limitaciones del mapa mental, y que nuestros pensamientos solo están formados de palabras, imágenes y sentimientos que viajan por las neuronas para crear un programa, eso significa que tenemos un programa automático que graba todo lo que decimos y escuchamos o

1. Programación Neurolingüística.

sentimos, a la vez que no somos conscientes de todo lo que se imprime en él.

Esta información era tan valiosa para mí que pensé que la vida me estaba dando otra oportunidad. Lo tomé tan en serio que enseguida empecé a asistir a varias conferencias de superación personal. De inmediato hubo muchos cambios en mi vida y lo más importante fue que empecé a conocer más personas con los mismos deseos de crecer.

Hasta antes de saber de esta oportunidad, yo no tenía un círculo de amistades, debido a la ajetreada vida que tenía; además de ejercer de madre y padre de mi hija, trabajar y estudiar me ocupaba todo el tiempo, era un reto complicado el de lidiar con la situación como para además hacer amigos en un país donde no conoces a nadie, por eso simplemente me ocupaba de mis compromisos diarios. Recuerdo que algunas veces mis compañeras de trabajo o estudio me preguntaban por qué no me relacionaba con ellos.

Yo me limitaba a responder que más adelante, que ahora no podía. La mayoría de ellos se podían permitir realizar salidas de fiestas o cenas, ya que tenían parejas o estaban con sus padres, que les ayudaban a pagar la casa, entre otras ayudas. En mi caso no había nadie, todo dependía de mí: mi casa, mi hija, el trabajo, los estudios, todo. Desde luego, las veinticuatro horas para mí eran pocas, pero aprendí a tomar control de ellas para no llegar tarde a mis clases o trabajo.

Mi manera de llegar a los compromisos era ir corriendo a todas partes, porque si iba caminando no llegaba a ningún sitio; aun así, era de las personas que llegan puntual al trabajo, pero aquí en España la gente normalmente llega antes de la hora. Sinceramente detestaba que tuvieran esa vida los demás, «¿cómo pueden tener esa vida tan fácil y cómoda, incluso pueden tomarse un café media hora antes del trabajo?», me preguntaba a modo de reproche.

La verdad, aquellos días no podía entender muy bien por qué yo tenía esa vida tan caótica en la cual constantemente estaba tocando fondo.

Tenía un profundo deseo: una vida tranquila.

Pronto empecé a descubrir por qué unos tienen esa vida tan dura o difícil, que simplemente viven desgracias como si su destino dependiera de alguien y no de ellos mismos y, sin embargo, otros hacen que sea más fácil. La diferencia está en que algunos han aprendido a vivir la vida y otros solo observan cómo los demás lo hacen. Cuando puedes hacerlo tú misma o tú mismo, la decisión se vuelve solo tuya.

Desde que decidí asistir a conferencias pude comprender la importancia de adquirir el conocimiento para convertirnos en quien realmente queremos o deseamos ser.

Como ya les conté, los primeros cursos que tomé fueron de PNL; a continuación no me detuve, asistí a más conferencias sobre emprendimiento y educación financiera, ese fue uno de los primeros pasos más importantes en mi crecimiento. Además de asistir a conferencias, empecé a entrenarme sobre la educación financiera con el empresario y coach Daniel García, autor de varios libros sobre los secretos de la riqueza; y también con el conferencista Alfio Bardolla, autor del libro *El dinero te hace feliz.*

Adquirir el conocimiento me llevó a ser más consciente de la realidad humana y de su capacidad para crear su propia vida, que toda carencia y paradigma de escasez está en la mente.

Aunque durante este proceso había en mí una cierta impotencia, estaba en una de esas etapas donde me preguntaba por qué no me dieron esta información durante mi infancia. ¿Quién tenía la culpa? Mis padres, la familia, mi país, la sociedad, entre otros. Empecé a analizarme. Obviamente la educación que recibí fue en un pueblo lleno de pobreza y en casa, mi familia era de mente pobre y mi círculo no se extendía a nadie más; conocía a personas con problemas similares a los míos. Mis padres no sabían qué era riqueza o una vida abundante porque jamás se habló de ello, ni siquiera de cómo ser rico o millonario. Por tanto, mi mente recibió un sutil mensaje de que no hay nada suficiente.

Muchas veces creemos que si somos de un país pobre tenemos que ser pobres, yo también pensaba así. Mis creencias eran limitadas y mis expresiones favoritas eran: «Yo soy madre, tengo un trabajo donde gano lo justo y soy mujer, tendría que haber nacido hombre para tener más facilidad para lograr la riqueza o el éxito».

Recuerdo en una ocasión que un hombre me dijo: «Las mujeres una vez que son madres solo sobreviven». Este tipo de comentarios los escuchamos constantemente, son de personas de mente pobre y nos hacen creer que no podemos lograr lo que soñamos, muchas veces dejamos de soñar e inconscientemente aceptamos la realidad que creemos de la sociedad.

Me considero la mujer más trabajadora que puedes conocer. He trabajado en diversos puestos, desde limpiando baños en casas a trabajar en un despacho para una empresa; jamás tuve miedo de trabajar de cualquier cosa y en cualquier horario, simplemente trabajaba; hacía malabarismos para compaginar todos mis compromisos como trabajadora, madre o estudiante, no me limitaba.

Pero soñar en grande o imaginarme en una vida de ensueño no era lo mío, lo único que quería era tener una casa donde vivir y dinero ahorrado en mi cuenta bancaria. Creo que al igual que muchas personas, ¿verdad? Hasta que comprendí que el conformismo también es sinónimo de pobreza, por tanto, era necesario romper barreras limitantes de mi mente y todo comportamiento condicionado.

Prácticamente, la decisión de cambiar mi vida estaba en mí.

El aprendizaje y la enseñanza se convirtieron en un hábito de mi crecimiento. Durante esa época, no hubo un día en que no haya escuchado audios de motivación o leído libros de superación.

Y otro de los hábitos que integré a mi vida fueron las afirmaciones. Claramente comprendí que escuchar y hablar o pensar en positivo es una de las técnicas más poderosas que posee el ser humano para crear su propio destino.

Aquí la constancia y la perseverancia empezaban a dar sus frutos en mi vida, y continué asistiendo a más conferencias sobre superación personal, sanación del alma y a las de *tu propósito de vida.* Desde luego estaba dispuesta a ir más allá. Decidí contactar con otras personas que estuvieran en la misma frecuencia que yo, con las mismas ganas de superarse. El objetivo era poder conversar y compartir todo el conocimiento para seguir creciendo como personas.

En cuanto inicié la búsqueda en redes sociales, en seguida me encontré a alguien que decía: «Estoy buscando a cinco personas para estudiar los principios de la mente».

¡Guau, increíble! Ya no soy la única apasionada con el crecimiento personal.

Por supuesto, no dudé en contactar a la persona. A la semana ya tuvimos el primer encuentro en el que conocí al resto del equipo. Era increíble la conexión, nos tratamos como si nos hubiéramos conocido de toda la vida. Cada uno contó el por qué estaban ahí. Era realmente sorprendente que todos estábamos dispuestos a trabajar para transformar nuestras vidas.

En seguida planificamos el proyecto, pero debo confesarles que la mayoría de ellos tenía un nivel de conocimiento y destreza más avanzada que el mío, porque conocían muy bien las técnicas en cuanto al desarrollo de habilidades. Yo me sentía como una conejilla de Indias, dispuesta a nuevas experiencias. Trabajamos con mucha disciplina, aplicando todas las herramientas correctas durante seis meses. Había un encuentro por semana y teníamos las siguientes reglas y normas: cero quejas, cero excusas, cero expresiones negativas, estaba prohibido hablar de problemas pero podíamos conversar acerca de la solución. Incluso, no estaba permitido faltar o llegar tarde al encuentro. Apenas incumplías alguna de estas reglas estabas fuera del grupo.

Sinceramente, para mí el plan era perfecto, realmente el compromiso y la disciplina iban a transformar nuestras vidas, y así fue. Aunque no todos llegamos a finalizar el reto.

De los cinco, solo llegamos tres. Fue una de las experiencias más transformadoras que viví en aquel momento, donde realmente pude comprender la capacidad humana.

Recuerdo los primeros milagros que llegó a manifestar una de las chicas, fue asombroso. Ella tenía el objetivo de conseguir un local perfecto en la zona que deseaba tener su negocio y rápidamente se puso a buscarlo. Sin embargo, en ese momento, esa zona era muy solicitada para los negocios, y los asesores le recomendaron que buscara en otra. Pero ella hizo oídos sordos, ya que conocía las herramientas correctas y el poder de su creación.

Cada día en el grupo dejaba un mensaje que decía: «Estoy sorprendida por los caminos que se abrieron para que yo pueda elegir el local perfecto para mi negocio». ¡Esa era su declaración diaria! A los pocos días nos contó que la llamaron del banco diciendo que quizás le interesaran los locales del Banco X, porque la empresa del Banco X se acababa de declarar en quiebra, por tanto, los dos locales que ocupaban en la zona, se quedaban libres.

Ella estaba maravillada con la noticia y, por supuesto, pudo elegir su local perfecto en el lugar que deseaba para su negocio. Realmente fue increíble todo lo que llegamos a manifestar, desde el dinero hasta los puestos de trabajo.

Actualmente cada uno se encuentra trabajando en sus propósitos de vida, son personas increíblemente admirables.

Hasta aquí mi proceso de aprendizaje fue cambiar totalmente, transformar mi mentalidad y desarrollar nuevos hábitos y habilidades.

Sin embargo, debo decir que cuando decidí formarme y entrenarme, no tenía suficiente dinero para costearme los entrenamientos, pero eso no me limitaba a seguir buscando una vida diferente, estaba dispuesta a conseguir el dinero de donde no lo había. Recuerdo los primeros entrenamientos, llegué a pagar con tarjeta de crédito, mi deseo de superarme era inagotable, llegué a hacer cosas que nadie se imagina. En una ocasión me fui a una conferencia de dos días donde no tenía un lugar para dormir ni dinero para comer. Pero si te digo la verdad, a mí eso no me preocupaba ni una pizca, de hecho, dije «pues me pongo a ayudar por la noche en algún restaurante, así gano el dinero y también tengo comida».

Aunque eso nunca llegó a pasar porque conocí a mucha gente en la conferencia. En cuanto llegué al hotel vi a una persona que conocía de vista porque había estado en sus formaciones de emprendimiento. Me acerqué a saludar y él me reconoció, me dijo que le alegraba verme ahí y empezamos a conversar, incluso me invitó a desayunar con él.

Yo me sentía feliz, había viajado sin dinero y estaba desayunado en el hotel con uno de los conferencistas. Así empezó mi fin de semana.

A continuación conocí a otras personas, pero en especial a una mujer con la que en seguida conectamos, y a la hora de la comida me preguntó si tenía algún lugar para ir a comer. Respondí que no.

Ella me invitó a ir a su casa porque ya tenía la comida hecha. El trato que me ofreció era inexplicable, al mismo tiempo, todo un milagro, fuimos a su casa y me ofreció una habitación, insistió en que me cambiara y duchara y que no tendría problema en que me quedase a dormir esa noche. Yo estaba maravillada, quería encontrar una explicación a lo que me estaba ocurriendo. Entré a la habitación, vi por la ventana un paisaje precioso y pensé cuán asombrosa es la vida; se me caían las lágrimas de agradecimiento.

Sentía que alguien me decía: «Has hecho mucho esfuerzo para venir hasta aquí, por eso te mereces este lugar». En ese momento escribí diez agradecimientos en mi agenda; desde aquel instante tengo un hábito de agradecimiento por todo lo que vivo, ni siquiera me doy tiempo de pensar en lo que no puede ser, simplemente agradezco lo que deseo y hago que suceda.

A diferencia de hace tres años, hoy en día gano el dinero con facilidad e inteligentemente; gracias a todas las capacitaciones que recibí sobre educación financiera, pude adaptarme rápidamente a negocios *online*, creando equipos de trabajo y generando ingresos pasivos.

Mi vida cambió totalmente porque pude descubrir que la pobreza financiera es mental.

Comprendí que el dinero es para nuestro uso, simplemente debemos aprender a estar preparadas y dispuestas a recibir con amor.

Actualmente, aún me costeo entrenamientos de mujeres muy poderosas como: *coach* Bely Torres desde Perú, autora del libro *Mil caídas antes del éxito*; y coach Geo Murillo desde Canadá, experta en ventas y la relación con el dinero.

Una de las creencias más limitadoras que yo tenía era creer que las mujeres o madres tenían más dificultad para cumplir sus sueños. No digo que eso no sea cierto, pero muchas veces, si somos madres o mujeres, ya nos cerramos las puertas con palabras como: «soy mujer o madre, no puedo permitirme esto o aquello». Esto nos deja totalmente bloqueadas, sin ninguna opción abierta hacia nuestros deseos o sueños. Cuando realmente todos podemos lograr aquello que deseamos, pero es importante conocer maneras de llegar y estrategias correctas para abrir las puertas hacia los sueños.

Personalmente, lo primero que hice para cambiar esta creencia fue seguir y tomar como ejemplo a mujeres y madres que estaban marcando la diferencia, incluso llegué a leer libros solo de autoras femeninas, fue toda una inspiración conocer y ver a mujeres y madres logrando sus sueños.

De pronto estaba siendo más consciente de mi valor como mujer o madre, ya no me limitaba por el hecho de ser mujer, menos por ser madre.

Es cierto que hay cualidades que los hombres poseen, pero pensé: «¿por qué no beneficiarme trabajando con ellos?».

En seguida creé estrategias para comprobarlo, y fue una gran experiencia poder formar parte de equipos de trabajo junto a otros varones, de hecho, podría decir que me siento afortunada de compartir experiencias y conocimientos con ellos. Es necesario ser consciente de que la unión nos hace más fuertes.

Se dice que el éxito de los hombres depende mucho de las cualidades o habilidades de la mujer con la que se complemente su vida, o viceversa.

Admitir nuestro verdadero valor hará que entremos en conciencia de nuestra capacidad ilimitada.

En cuanto entré en conciencia, todo empezó a fluir. De pronto miré al pasado, todo problema ya no era problema, sino experiencias con grandes lecciones, mostrándome una oportunidad.

Hoy en día tomo con agradecimiento cada experiencia vivida, aunque en su momento sintiera derrota o fracaso, pero estoy segura de que quizá jamás hubiese buscado una vida diferente sin esas vivencias devastadoras. Una vez que tomé conciencia de ello, todo a mi alrededor cambió para bien. Ese camino me llevó a conocer mi esencia más profunda: encontrar una fuente inagotable de vida en mi ser interior.

Encontré herramientas de conexión conmigo misma; empecé a fluir, aprendí a llenar mi copa de amor propio y a nutrir mis creencias. Creo que las mujeres tenemos la capacidad de transformar nuestros desiertos áridos en jardines abundantes.

Trazar una especie de mapa mental que nos ayude a comprender dónde estamos, qué nos rodea y cuáles son los desafíos que nos acechan es importante para atraer tu vida soñada.

> ➢ Me he podido transformar y empoderar y esta es la medicina que te puedo ofrecer.

- Sé lo que anhelas y también sé de lo que eres capaz.

- Te podré dar un mapa, una luz y una guía para tu propio camino interior.

- Tengo un kit de herramientas muy valioso para el viaje que he aprendido en el camino.

- Te puedo enseñar a que conectes con tu ser interior en alineación con tu esencia y propósito.

- Entendí que el cambio es desde adentro hacia afuera y pude gestar abundancia de nuevas formas, más alineadas con mi propósito.

Sigo despertando el poder de conciencia consciente para manifestar una realidad superior en todas las áreas de mi vida, llevándolas a un nivel más profundo y espiritual para cualquiera que desee incorporar una nueva forma de vivir radical, dando una vuelta de 360º a su mente consciente y empezar a crear auténticos milagros.

Ha llegado el momento de despertar ese nivel de conciencia consciente para vivir desde el amor y sacar toda tu fuerza interior para sanarnos, y luego así sanar nuestros territorios.

Con mucho amor y al servicio de tu proceso.

Pasos que nos llevarán a vivir esa vida en grandeza

Hay tres niveles de conciencia que debemos conocer para diseñar nuestro destino y son estos tres pasos que quiero mostrarte por su importancia para conocer nuestro nivel de conciencia y crear nuestro porvenir.

Por eso, para llegar a alcanzar el máximo nivel de conciencia lo importante es conocerte y profundizar en ti, en saber quién eres y cuál es la misión de tu vida.

Y para llegar a tener el máximo nivel de conciencia, lo primero y básico es vivir «desde la conciencia», o sea, vivir en el presente, vivir en el «aquí y ahora», y contemplar, a través del conocimiento, qué es lo que te rodea para tomar las mejores decisiones.

¿QUIÉN SOY YO Y CUÁL ES MI MISIÓN DE VIDA?

Muchas personas desconocen el sentido de la vida, o simplemente quiénes son, no saben cuál es su misión y para qué han venido a este mundo. Profundizar en ello es fundamental para conseguir la coherencia interna entre los anhelos deseados y nuestras capacidades y aprendizajes adquiridos y conseguir el máximo equilibrio interior.

Empecemos con una pequeña definición:

¿Quién soy? Eres un ser, un ser humano creado por el poder infinito que es Dios, o universo, como lo quieras llamar. Quiero dejarte otra explicación más sobre el creador Dios; es un ser con un poder ilimitado y, según las escrituras, nos muestra que el ser humano es el ser más profundo y completo creado a la perfección. También se conoce que *fuimos creados a la imagen y semejanza de Dios*, seguramente ya te suena este mensaje. Entonces, ¿por qué no te comportas como tal?

Pero como ya sabemos que no venimos con un manual de instrucciones, cada uno se ha ido adaptando a lo que le han enseñado los demás, como los padres, la familia, la cultura, la sociedad o la religión. ¡Sin embargo, hemos terminado ignorando la existencia del poder infinito de uno mismo: hacer el bien! Teníamos que haber aprendido a jugar el juego de la vida para ganar con el bien y no con el mal.

La vida es como un juego en el cual no es posible ganar si no se posee el conocimiento del bien, que es el de Dios, cuyas reglas son: **dar y recibir.**

SER CONSCIENTE GENERA OPCIONES

Las personas desconocen estas reglas, por eso ignoran su verdadero destino y tratan de forzar las cosas, las situaciones que no les son propias y que les causan fracasos y desilusiones en el caso de que lleguen a poseerlas.

El desconocimiento lleva a un estado de conciencia condicionada con la realidad humana, la cual no les deja desarrollar su capacidad, ya que todo lo que un hombre siembra, eso cosechará.

Esto significa que aquello que un hombre da por la palabra o por la acción, eso recibirá.

Si siembra el odio, recibirá odio; si ama, será amado a su vez; si critica, no se salvará de la crítica; si miente, alguien le mentirá; si hace trampas, le robarán; si piensa mal de alguien, incluido de sí mismo, eso recibirá.

«Ni tus peores enemigos te pueden hacer tanto daño
como tus propios pensamientos».

Buda.

Capítulo 1

La conciencia dormida

0.1 El primer nivel de consciencia dormido (inconsciente)

En este estado se encuentran la mayoría de las personas, que continuamente están en sufrimiento y lucha. La vida para ellos es una pelea constante, se definen como supervivientes.

Sus acciones son automáticas, se dejan invadir por los problemas, no hacen nada porque les da mucho miedo tomar decisiones y llevan a cabo acciones imperfectas.

0.2 En este nivel de consciencia domina el victimismo

Aquí consideran que la responsabilidad no es suya, creen que la vida está más allá de su control y que el mundo conspira en su contra, poniéndoles los obstáculos mayores, las pruebas más desafiantes y las desgracias más terribles.

Así terminan convenciéndose de que «la vida es muy dura», que «no se puede confiar en nadie» porque «todos están en mi contra» o que «la desgracia siempre está a la vuelta de la esquina». Frases que utilizan repetidamente.

Les resulta mucho más fácil que hacerse responsables de las situaciones que están viviendo. De esta manera, no toman las riendas de su vida y dejan que el destino o la suerte sean las que las dirijan. Siempre juegan a los siguientes roles:

➢ Víctimas de la cultura

La cultura es más que nuestras creencias humanas, rituales y prácticas diarias ya que forman parte de un consciente colectivo en el que nos vemos inmersos, pero no tenemos que reconfigurar esas creencias.

Si crees que el gobierno debe solucionar tus problemas, si crees que la religión está en el primer estado de conciencia, es probable que seas víctima de la cultura.

Leí un artículo por Internet que me encantó, donde se decía:

> «La cultura o la sociedad debería ser como el marketing, cada uno debe aprender a destacar en hacer lo mejor de manera diferente, y ser más creativos para ser diferentes con el bien».

Es la única manera de poder sanear esta sociedad «enferma» en la que vivimos y dejar de alimentar con nuestro comportamiento a esa «gran bestia» que algún día nos hará desaparecer.

➢ Víctimas de las circunstancias

Son los que consideran que sus problemas son externos y su actitud para resolverlos es nula, cediendo el poder a los demás, haciéndolos responsables de sus circunstancias.

¡Vaya, acabas de otorgar tu poder creador a un precio muy alto por un puñado de beneficios!

➢ Víctimas de su pasado

Mi pasado no fue lo mejor, ahora me toca vivir así de por vida, al igual que mi familia.

Son **pesimistas** con tendencia a exagerar lo negativo, lo que les impide valorar las cosas positivas que les ocurren en su vida, quedándose en esa errónea zona de confort y creyéndose incapaces de salir de allí.

Culpabilizan a los demás o a sí mismos y juegan al papel de «pobrecito de mí, todo me ocurre a mí». Les encanta sentir lástima por sí misma o sí mismo. Si su relación se rompe, echarán la culpa a su pareja. Si le echan del trabajo, culparán a su jefe. Si fracasan en un proyecto, culparán a la sociedad.

No suelen hacer examen de conciencia ni se preguntan cómo han contribuido a lo que ha pasado porque están convencidos de que son víctimas.

Esto es como restregarse en un barro lleno de su propia porquería.

➛ Víctimas del sufrimiento

Quieren que los demás reconozcan su sufrimiento; cuando su círculo intenta ayudarle, se sienten atacados porque lo que buscan es el refuerzo de su estado, es decir, que le brinden palabras y frases como «pobrecito», «qué mal te está tratando la vida» o «eres un desgraciado, qué mala suerte tienes». Si se les intenta alentar para que tomen las riendas de su vida e intenten buscar soluciones, se ofenden y piensan que no queremos entenderles ni ponernos en su lugar.

Son auténticos especialistas en buscar problemas para cada solución.

Y si les hacemos notar esa actitud, es probable que respondan diciendo que no somos capaces de entender cuán dura ha sido su vida, y añadirán todo tipo de experiencias para consolidar su posición.

Se convencen y alimentan de un sentido escaso, y lo que hagan no podrá cambiar las circunstancias. Entonces se convierten en meros espectadores de su vida, se sientan al lado del camino a criticar y lamentarse de lo que les ocurre, sin mover un dedo para intentar mejorar la situación.

Su estado de conciencia no es más que fuerza sin dirección. Se parece a la electricidad y manifiesta aquello que se le ordena; **porque el sentido y el poder lo das tú**. Todo lo que el hombre siente profundamente o imagina claramente queda impreso en el subconsciente y se manifiesta en los menores detalles.

Este estado de conciencia también es llamado *espíritu mortal* o *carnal*, que ve la vida tal como esta se manifiesta. Tú observas la muerte, los desastres, la enfermedad, la miseria y las limitaciones de todos los tipos e imprimes según tus peticiones y manifiestas tu realidad, es la vida que has creado para ti, donde careces de amor. Sientes temor y no amor.

La gran diferencia que hay entre ambos sentimientos es que el **amor** siempre es creador y el **temor** siempre es destructivo.

Un sentido del amor reconstruye el cuerpo, alarga la vida, da inspiración, expansión de los negocios, abre los caminos en un centenar de direcciones y domina los obstáculos.

El temor destruye el cuerpo, mata la inspiración, paraliza los negocios, cubre todo con un velo de muerte. Sin embargo, a nosotros nos toca decidir cuál de estos dos sentimientos ha de regir en nuestras vidas.

Recuerda que tenemos el libre albedrío y la posibilidad de elegir.

Una decisión puede marcar la diferencia y hacer que la única posibilidad sea el bien de Dios, donde nuestra noche oscura podría tener luz. Por esta razón señala en Efesios 5:14:

«Despierta tú que duermes y levántate de entre los muertos
y te alumbrará Cristo».

La mayoría de las personas llegan a este punto cuando les pasa algo gordo, algo que ya no pueden remediar, donde se sienten cansados del dolor, solo entonces cambian o toman decisiones diferentes.

Pero tú no debes esperar a que se acumule ese dolor. Debes preguntarte: «¿He sufrido ya lo suficiente?».

Responde. Si es sí, entonces realmente quieres vivir otro nivel de conciencia.

Capítulo 2

Conciencia de empoderamiento

1.1 Segundo nivel de conciencia empoderado (Despertando)

En este estado de conciencia, estás en descubrimiento y empiezas cuestionar con porqués: «¿por qué me pasó a mí?, ¿por qué?». Recuerda que has moldeado tu vida con tus creencias, paradigmas y vivencias formadas por todos aquellos pensamientos y sensaciones que se procesan a través de los sentimientos y las emociones en acción.

En esta vida no hay accidentes ni injusticias, todo tiene una razón profunda de ser.

El paso más grande que debes hacer es **reconocer** que básicamente tu responsabilidad es: **ser la causa**, y provocar que las cosas pasen con determinación de moverte para llegar del punto A al punto B, y tratar de buscar una verdadera solución al problema.

Acabar con el monstruo del victimismo de una buena vez y para siempre.

Es importante tomar conciencia y cambiar de actitud tomando acción para:

Dejar de culpar a otros o a la vida, al país, al trabajo, al jefe, a la crisis, o al gobierno por lo que nos pasa.

Ocuparse en lugar de preocuparse (como dice el Dr. Covey).

Cada vida es única y cuando somos auténticos con el bien y coherentes con nuestra propia esencia, la vida se manifiesta en forma de abundancia y creatividad, porque esta es su naturaleza. Cada quien vivirá las situaciones acordes a su nivel de estado de conciencia para poder despertar.

Las escrituras dicen (Corintios 10:13):

«Dios no te dará más de lo que puedas soportar».

En la página anterior te nombré que muchas veces los cambios ocurren cuando ya has experimentado un gran dolor y has tocado fondo, si es tu caso, felicidades, porque ya has visto lo peor, ahora toca ser consciente de que **existen dos opciones:** seguir en ese **estado casi vegetativo y doloroso** o **remontar**. Esta sí es tu decisión.

Si el dolor ya fue demasiado, entonces solo cabe remontar, y además lo harás de forma más fácil de lo que piensas. Ya tienes pocas cosas que perder, solo el miedo.

De tanto mal y sufrimiento en el pasado, lo mejor, por mera inercia, está por llegar. Adelanta el paso, sal del lamento, lánzate a vivir y simplemente deja que llegue la victoria. Te lo mereces.

Cuando el alumno está preparado llega el maestro. ¿Conoces esta frase?

Aquí las experiencias vividas han sido tu mejor maestro, ahora ya conoces la derrota; hay personas que no saben lo que es la derrota y tienen un secreto que les ayuda a no conocerla: nunca han luchado.

El que nunca ha tocado fondo nunca ha peleado, prefiere permanecer en su círculo de confort y comodidad, y no conoce más allá.

¿Y por qué no se expanden más allá de sus límites? Por sus pensamientos negativos, por un miedo que repite en su cabeza: «no va a salir bien», «no puedo hacer eso», «no me atrevo». Quien no lucha, no puede vencer.

Toma como una oportunidad todas esas experiencias vividas, ya que gracias a ellas conoces el camino que una vez fue la desgracia.

Tener una actitud positiva es una pequeña cosa que marca una gran diferencia.

1.2 En este nivel de conciencia empieza a dominar la actitud positiva

Porque la actitud es la que define todo lo que sucede. Tu manera de ver el mundo es una interpretación tuya, no solo en tu cuerpo sino también en tu mundo, y en lo material.

«Cuando no se puede lograr lo que se quiere,
mejor cambiar de actitud».

Publio Terencio.

¿Vamos a tener circunstancias y dificultades que nos van a afectar? Claro que sí, pero nosotros podemos elegir tener una actitud correcta.

«Una actitud mental fuerte, creará más milagros
que cualquier droga maravillosa».

Patricia Neal.

La vida no te ocurre. La vida te responde y entre un buen y mal día es tu actitud, siempre es nuestra percepción o nuestra interpretación de los hechos lo que causa nuestro sufrimiento, no lo que otra persona sea o haga.

Afirmaciones para cambiar la actitud:

- *Todo está bien.*

- *Cada momento de la vida es perfecto. Los acepto tal y como vienen. Soy capaz. Tengo potencial para triunfar.*

- *Me acepto como soy. Puedo ver todo lo bueno que tengo. Mi presencia es mi poder.*

- *Merezco lo mejor y lo acepto con los brazos abiertos.*

→ *Hoy declaro que estoy por vivir la etapa más exitosa de mi vida.*

TODO EMPIEZA EN NUESTRA MENTE

La mente es la que dirige todo, en ella nacen nuestras grandezas, es el motor para proyectar lo que somos, por eso debemos cultivarla a diario con actitudes que superen nuestra realidad y obtener buenos resultados.

Es decir, nuestra realidad la formamos nosotros mediante nuestros autoconceptos y los conceptos de la mayoría.

Lo que experimentamos como realidad es un sueño colectivo.

La conciencia colectiva crea todo lo que vemos y damos por hecho. Lo creemos así, lo creamos así. Para que algo se manifieste en el plano físico, antes debe haberse creado en nuestra mente. Y esto ha sido tan renombrado en todos los textos sagrados de las más antiguas religiones, que se nos ha pasado por alto.

Somos creadores de nuestra realidad. Somos creadores de nuestro destino.

Aquello en lo que más pienses es lo que verás manifestado. Aquello con lo que más te identifiques es lo que experimentarás en tu vida. Aquello en lo que te concentras se expande. La realidad es lo que tú creas.

Ahora que has descubierto que somos responsables de dirigir nuestra mente hacia la grandeza de la creación infinita y no cargar la pobreza o el temor, debemos liberarnos del pasado, es la única manera de lograr la plenitud, para ello debemos obtener el conocimiento de las leyes que dan al hombre el poder de crear el bien.

1.3 La ley del perdón

Para que seas libre totalmente, tienes que perdonarte. En primer lugar a ti, y luego a los demás. Este proceso no será una tarea fácil.

Tienes que perdonar heridas, no solo de palabra o como un formulismo, sino en tu corazón; así de sencillo. No haces esto por el bien de los demás, sino por el tuyo. Abandona esos sentimientos de ira, rencor, odio, juicio e intolerancia hacia otros. Cosas como estas, te sujetan a los problemas con remaches. Te encadenan a otros problemas que, en realidad, da igual tanto si esos pensamientos y juicios son hacia ti o hacia los demás, la mente no distingue eso, solo lo toma como lo que es.

Sea lo que sea que te haya sucedido, o lo que te hayan lastimado otras personas, el rencor o el resentimiento no es algo que debas merecer como para castigarte así y albergar estos sentimientos negativos en tu mente y cuerpo; esto te afectará solamente a ti. En lugar de seguir castigándote con la falta de perdón, permítete soltar eso que te haya sucedido, así como las situaciones desagradables que hayas pasado; ya no están aquí, solo están si tú decides mantenerlo en tu mente.

Hay un principio bíblico que te ayudará a perdonar: «Cuando Dios nos perdona, dice que ya no se acuerda de nuestros pecados» (Jeremías 31:34).

Esto no significa que nuestro padre Dios olvida, sino que, debido a que él nos perdona, él escoge no sacar a relucir lo que hayas hecho de una manera negativa.

Quizás hayamos hecho cosas en el pasado de lo que no estamos orgullosas, pero deja de torturarte por ello, **el padre Dios ya te ha perdonado**, «¿de qué faltas me estás hablando?», dice el Creador, «yo ya te perdoné». Dios te quiere dar su favor, independientemente de lo que hayas hecho. Él no te reprocha los errores, te dice que quizás lo hayas hecho mal, has cometido errores y no estás donde quieres estar, pero escucha decir a tu alma que el Dios creador no te condena.

Imagina que tu hijo está subido a un árbol y que empieza a resbalar y te pide ayuda para no caer al suelo y hacerse daño. Como padre, no vas a decir «Espera, hijo, quiero ver si has recogido los platos sucios, has hecho tus tareas de la escuela y te has portado bien antes de ayudarte», ¡no! Da igual lo que tu hijo haya hecho, si está en peligro, tú correrás a ayudarle, ¡es tu hijo!

Dios quiere hacer lo mismo contigo, siéntete bendecido.

Piensa en el perdón como un buen negocio para ti, ya que podrás avanzar en tu vida.

Esta historia te hará reflexionar:

En una ciudad cualquiera, en un tiempo cualquiera, en una calle cualquiera, un perrito callejero es atropellado.

El pobre animal queda tendido en la acera. Dos amigos que pasan por allí caminando y que no han llegado a presenciar el accidente, ven al perro herido, jadeando con angustia.

Uno de los dos amigos se acerca al animal y trata de levantarlo para llevarlo hasta un veterinario. Al intentar pasar una mano debajo de su cuerpo, el perro gruñe y muestra los dientes. Cuando el muchacho lo vuelve a intentar, el perro le muerde. El joven lo suelta y, mirándole la herida, se queja con su amigo:

—Perro malagradecido... Lo quiero ayudar y encima me muerde.

El otro palmea la espalda de su amigo, calmándolo.

—No te enfades —le dice, mientras intenta limpiarle la pequeña herida con su pañuelo—. No ha intentado morderte por maldad ni por falta de gratitud. Muerde porque está herido.

El ser humano suele ser el producto de sus experiencias pasadas, y las reacciones surgen de acuerdo a las heridas que ha experimentado en el pasado.

Por ejemplo, una mujer que fue abusada por su pareja estará siempre a la defensiva en cualquier otra relación. También está el caso de una persona que posee una raíz de rechazo, esta le impide manifestar sus emociones y, como consecuencia, crea una baja estima.

Los traumas, golpes, abandonos y vejaciones de los que fue víctima cuando todavía no podía defenderse, cuando ni siquiera podía terminar de comprender lo que le estaba pasando, seguían ahí.

Desde donde sea que se guarden esos traumas, desde ahí, el dolor ligado a nuestro pasado influye, condiciona y perturba nuestro presente, ciñendo nuestro potencial y jugando en contra de nuestros mejores proyectos.

Por ejemplo, un abandono de un padre o madre durante la infancia puede influir el resto de tu vida, trasladando tu frustración de abandono a tu pareja o amigos; eso no te permite tener una buena relación con los demás. Analízate. No importa si las heridas son pequeñas o se remontan en el tiempo, si escuchar hablar del tema aún te duele o te incomoda, entonces hay una herida que sanar.

En una ocasión conocí a una mujer que me contó que cuando se trasladó a Barcelona a casa de su prima ella había recibido un trato desagradable, y me dijo: «¿Sabes, Asteria? Yo no quería llegar a su casa, pero ella me insistió, ya que yo le tengo una rabia, porque cuando era niña venía a casa a decirle a mi madre cómo tenía que ser yo».

Ella nunca había perdonado a su prima y solo tenían que verse para tocar la herida del pasado. De ahí es que cuando se crean críticas destructivas, engaños económicos, mentiras, dejamos que la ira y el dolor se empodere de nosotras mismas.

¿O A QUIÉN HERISTE?

A continuación, te daré unos ejercicios para liberarte de las heridas:

Una de las técnicas que más me funcionó es la de escribir en formato carta y después quemar.

Escribe una nota o carta a cada una de las personas que te han herido, no importa si están lejos o muertos, lo importante es aprender a sacar lo que hay dentro de ti.

Primeramente, la carta debe ser a ti misma.

Nombre / Fecha

Te escribo esta carta a ti,__________, que me has sido fiel y yo te he herido con mis palabras, con mis pensamientos o con mis acciones.

Segundo: escribe a todas las personas que crees que te han hecho daño. No las tienes que enviar, simplemente escribir como un diario su nombre y el motivo.

A continuación, debes quemar o dejar que el mar o el río se las lleve, de esa manera se desvanecerá el dolor, la rabia o lo que sientas.

¿QUÉ LE PUEDE PASAR A UNA PERSONA QUE NUNCA LOGRA PERDONAR?

Pierde muchas oportunidades de amar y el cuerpo no se beneficia del poder del amor. Se pierde la esperanza y se dejan de tomar riesgos porque no quieres que te vuelvan a herir.

Limitas tu vida, cambias tu carácter y haces que la gente se aleje de ti, perdiendo oportunidades de nuevas relaciones.

En términos de salud, el cúmulo de emociones negativas puede afectar al sistema nervioso, el cardiovascular y el inmune de personas poco tolerantes.

No perdonar se traduce en una sensación física llamada psicosomática que evidencia a través del dolor físico y el malestar lo que nuestro cerebro y nuestro corazón callan, niegan o intentan evitar sentir.

Estar herido en el alma es un dolor que se siente en el cuerpo y, como tal, es tomado como una amenaza por el organismo, que se activa y libera sustancias ante su presencia.

Si recordamos un momento o una persona que representa dolor, el cuerpo se endurece.

El problema es cuando el sufrimiento se vuelve un hábito. Se ha comprobado que la disminución de la ira, el dolor, la depresión y el estrés generan mayores sentimientos de optimismo, esperanza y confianza en uno mismo, y eso repercute en el sistema nervioso, el cardiovascular y el inmune.

¿CÓMO SE COMIENZA A CONSTRUIR EL PERDÓN?

Si hay algo que todo el tiempo representa una fuente de dolor, es difícil actuar desde una perspectiva diferente. Por ejemplo, una persona con una terrible historia de amor con alguien que la dañó o la hizo sentir como una basura, puede permanecer años martirizándose, y eso no da tiempo al corazón para sanarse; pero si la persona logra ubicarse en otra posición y se pregunta qué ha aprendido de ello, la historia cambia y empieza a ver el futuro de otra forma. Hay que saber usar la narrativa propia.

¿Y CÓMO SE PUEDE APRENDER A PERDONAR?

Hay algunas estrategias que nos ayudan a perdonar.

La primera es que, **sin importar lo que haya pasado, lo más grave y lo más doloroso, hay que mirar lo bueno de la vida**, porque el sol sigue saliendo y hay gente que se preocupa por ti. Eso es crucial, tener una buena perspectiva de la vida. Y otra es **entender que hay reglas contra las que no podemos luchar y de las que no tenemos control**. Podemos pasar muchos años sufriendo por algo que alguien hizo y que al final nunca pudimos controlar, como una traición, o la pérdida de un ser querido.

Es mejor manejarlo que luchar contra eso.

«El primero en pedir disculpas es el más valiente.
El primero en perdonar es el más fuerte.
El primero en olvidar es el más feliz».

Papa Francisco.

Y, efectivamente, el Papa tiene razón, pero creo que olvidar no es la palabra correcta, lo ideal es soltar o liberar.

Cuando aprendemos a soltar aquello que nos causa daño, nos quitamos esa carga pesada de nuestros hombros y espalda.

Afirmaciones para perdonar:

- *El perdón es un regalo que me hago a mí misma. Se me hace fácil y gratificante perdonar.*

- *Elijo perdonar a todo aquel que alguna vez haya hecho algo negativo en mi contra.*

- *Me libero de todo dolor que no me corresponde.*

1.4 La ley de gratitud

La gratitud conduce a la grandeza. Puede, literalmente, convertir lo que tienes en algo más que suficiente. **El trabajo en alegría, el caos en orden, la incertidumbre en claridad.** Y trae la paz a un día que de otra manera hubiera sido caótico. ¿Y cuál es la manera más fácil de ser agradecido? **Hay que reconocer que las cosas buenas que hay en tu vida son la esencia de tu felicidad.** Haz un listado con lo bueno que hay en tu vida. Ábrete a recibir y agradece lo que te regala la vida.

Te daré dos técnicas increíblemente poderosas:

1. Agradece antes de dormir diez cosas buenas que han pasado en tu día. Crea el hábito del agradecimiento y

escribe cartas de gratitud. A la persona que te hizo reír, la persona que te llamó para preguntarte cómo estabas, o incluso a los órganos de tu cuerpo que cumplen su función vital. Pronto verás una infinidad de cosas que agradecer, empezando desde tu existencia hasta la oscuridad del día.

2. Utiliza decretos y afirmaciones de gratitud mirándote en el espejo, di lo maravillosa que es tu vida, agradece por ello. Más adelante te dejaré afirmaciones de gratitud.

El agradecimiento te hará tanto bien que no volverás a preocuparte porque algo salga mal.

La gratitud es un buen comienzo para fortalecer la relación con Dios, con la vida, contigo y con los demás.

La gratitud es la regla de oro de la vida, quejarse es sinónimo de pobreza. Mientras más agradecida puedes estar por el dinero, la salud, el amor, más riqueza recibirás. Y mientras más te quejes, más pobre te volverás.

Agradece lo que ya conquistaste: empleo, coche, casa, bicicleta, moto, viajes, entre otros.

La gratitud fomenta el verdadero perdón, que es el único con el que puedes decir sinceramente: **«Gracias por esa experiencia».**

Ser agradecida es el sentimiento más bonito que existe, es el inicio de todo lo bueno, verdadero, vibrante y feliz que llega a tu vida. La gratitud es una energía poderosa, y a quien sea que dirijas esa maravillosa energía, la recibirá. Imaginemos la energía de la gratitud como si fuera «polvo mágico de gratitud».

La gratitud es maravillosa, es la gran llave de la vida y de la abundancia en los distintos sentidos.

También es una forma de vida; cuando vives en gratitud, vives con sentimientos de felicidad, alegría, risas, y todo tu entorno comienza a brillar, como si esos maravillosos polvos de gratitud iluminaran tu vida y tus días.

¿Quieres una vida distinta para ti? Pues, empieza a vivir en gratitud y lanza «la palabra mágica y poderosa del agradecimiento» a todos los seres que conviven contigo, a aquellos que de distintas formas coinciden contigo.

Tienes magia y posees una maravillosa varita a tu disposición, lista para crear abundancia en tu vida, debes comenzar con tus palabras. Las palabras crean pensamientos, son decretos. Cuando te repites las cosas, activas sentimientos para convertirlos en emociones, y tus emociones son tu humor «vibracional».

Ahora piensa en el personal de distintos mantenimientos que se ocupan del buen funcionamiento de tu país y de nuestro mundo. Por ejemplo:

- Red de transportes.

- El personal de mantenimiento de servicios; tales como el agua, la luz, el gas, entre otros.

- Todas aquellas personas que se dedican a limpiar nuestro mundo; los que limpian las calles, los servicios públicos, los trenes, el metro, los buses, aviones, hospitales, restaurantes, supermercados y oficinas.

Cada uno de ellos realiza un trabajo remunerado y a veces se tiene la idea de que, porque es su trabajo, no se merecen nuestro agradecimiento o no es necesario.

Ellos se merecen todo lo mejor, al igual que tú te mereces solo cosas extraordinarias.

Afirmaciones de gratitud:

- *¡La magia de la gratitud cambia toda mi vida!*

- *Estoy eternamente agradecida por el amor que soy capaz de dar y por el amor que aún tengo que recibir.*

- *¡Hoy elijo que el resto de mi vida será lo mejor de mi vida! Y doy gracias.*

- *Estoy agradecida ahora, y eso es mantener la puerta abierta para recibir más bendiciones.*

- *¡La vida se vuelve más fácil porque yo me vuelvo más fuerte!*

- *¡Soy responsable de mi vida: estas son las semillas que sembré y ahora recojo la cosecha!*

1.5 La ley de Dar y Recibir

¿En qué consiste la *Ley del Dar*?

Ley del Dar. Todos los días, al amanecer, acostúmbrate a dar gracias a Dios por un nuevo día, regálale una sonrisa a las personas con quienes compartes diariamente, dale una bendición a aquella persona que te encuentras por casualidad y experimentarás cómo la energía que proyectan regresa a ti con más intensidad.

Dar viene de la mano del amor incondicional, esto quiere decir que sale natural de ahí. Eso sucede porque dejas de necesitar y comienzas a agradecer, te sientes cada vez más completa y tu vibración se eleva en amor, dicha, paz, abundancia y gratitud.

La Ley de Dar con la economía: El dinero debe mantenerse fluyendo; si no, comienza a estancarse, a atorarse, a sofocar y estrangular su propia fuerza de vida. La circulación lo mantiene vivo y vital.

Para poder hacer que esa energía regrese hacia la persona, debes mantener la energía de la abundancia en circulación, como un río.

Ponlo en práctica, te lo recomiendo, funciona milagrosamente; aquí te comparto una de mis experiencias vividas.

En una ocasión yo esperaba una cantidad de dinero, lo necesitaba urgentemente; sin embargo, faltaban un par de semanas para obtener el importe que deseaba.

Pensé que debía hacer algo al respecto, y no dudé en poner en circulación el juego de dar y recibir. Hice el siguiente paso: llamé a una amiga y la invité a comer; ella me respondió que ya tenía planes para la comida, pero que podíamos tomar un café. Acepté. Mi intención era moverme en una energía abundante. Cuando llegamos a la cafetería le pedí a mi amiga hablar solo de cosas buenas. Y a continuación pedimos café.

—Yo pago —dije.

—Ah, es verdad... voy a tomar un café con mi amiga millonaria —dijo entre risas.

Ahí estaba la clave, porque la mente no entiende de bromas, simplemente acepta lo que tú ordenas con palabras, sentimientos y acciones, por eso mi comportamiento debía ser como si ya tuviera ese dinero y no lo necesitara.

El milagro ocurrió al día siguiente, el dinero me llegó de otro lado, me pagaron de un trabajo que aún estaba realizando en ese momento y faltaba mucho para finalizar, por tanto, el pago por ese lado no me lo esperaba, y lo más maravilloso fue que la cantidad de dinero que recibí era mayor a lo acordado. Fue perfecto y en el momento adecuado, llegó el dinero que esperaba.

Es importante sentir que lo mereces, y también debes estar dispuesta a dar para recibir.

Practicar la ley del Dar y Recibir es muy simple. Si se quiere felicidad, se debe dar felicidad a otros; si se quiere amor, hay que aprender entonces a amar a los demás; si se quiere atención y apreciación, aprender a dar atención y apreciación es la respuesta; si se quiere abundancia material, entonces se debe ayudar a otros a tener abundancia. La mejor manera de poner en operación esta ley es poner todo el proceso en circulación y tomar la decisión de que en cualquier momento en que se entre en contacto con otra persona, se le dará algo. No tiene que ser algo material; puede ser una flor, un cumplido, o una oración; de hecho, las formas más poderosas de dar no son materiales.

Los regalos de cuidados, atención, afecto, apreciación y amor son algunos de los más preciosos regalos que se pueden dar, y no tienen un valor económico.

Cuando se conoce a alguien, se puede silenciosamente enviar una bendición de felicidad, alegría y dicha. **Esta manera de dar silenciosamente es muy poderosa.**

Todo lo que quieras para ti, deséalo al otro y harás circular la rueda de las bendiciones para tu vida. La bendición es la gran multiplicadora.

Afirmaciones para crear abundancia:

- *Determino en mi corazón una bendición poderosa para todo el mundo.*

- *Yo soy el amor en acción.*

- *Yo soy la luz que ilumina la oscuridad.*

- *Yo soy la abundancia fluyendo ininterrumpidamente.*

- *A medida que avanza nuestro estado de conciencia, el poder infinito va desplegando su realidad y lo que nos queda por aprender.*

1.6 El poder de las decisiones

Desde la más pequeña e insignificante, hasta la más transcendente y reveladora. Así como nuestro futuro no dependerá del azar sino de las decisiones que por acción u omisión estemos tomando, nadie se escapa, ya que cuando nos quedamos instalados en la indecisión o en la evitación por miedo a equivocarnos, estamos eligiendo permanecer en el mismo lugar.

Como un escultor que de un trozo de madera virgen va descubriendo una silueta, cuando decide tallar de allí y lijar de allá, está decidiendo qué figura va a resultar de ese trabajo artesanal que será resultado de la suma de decisiones que tome cada vez que intervenga conscientemente la madera de una manera y no de otra. Evitar decidir sería algo así como quedarnos mirando el trozo de madera y no hacer nada provechoso con ella.

Una vida no decidida de manera consciente y activa no tiene forma, queda en una promesa de *lo que hubiese sido si...* me hubiese animado, hubiese terminado, hubiese empezado o dado aquel paso. *No hace falta ser un gran escultor, aún la figura más imperfecta es más valiosa que la perfecta nunca hecha.*

La mayoría de las veces no somos conscientes de las decisiones que tomamos y que nos han traído hasta donde nos encontramos en este momento, si actualmente no te gustan las cosas en tu vida es porque no fuiste muy bueno tomando decisiones.

Solo tienes que analizar tu presente para saber si eres bueno o malo tomando decisiones.

«Usar el poder de decidir te da la capacidad de superar
toda excusa para cambiar cualquier parte de
tu vida en un instante».

Anthony Robbins.

La suma de indecisiones no solo nos priva de vivir la vida que nos fue dada para usar, sino que también comenzamos a ver nuestra existencia como si fuera una ficción titulada *Qué hubiese sido de mi vida si...* Pasamos de ser protagonistas a ser espectadores de la propia existencia o la de otros.

Tanto la abundancia como la escasez son una decisión. En el plan divino del universo, no creo que estuviera previsto que tú, precisamente tú, manifestaras escasez, de modo que tiene que ser una decisión, consciente o no, pero una decisión.

La capacidad de decidir no se gasta ni se agota y se va perfeccionando con el tiempo a medida que la vamos ejerciendo.

Nos convertimos en mejores electores con la sabiduría que nos da la experiencia de la propia vida. Decidir también nos entrena para una vida fructífera, aquella que ha dado frutos, cualesquiera que sean, y no se ha quedado en semilla.

Cuando te sientas tironeado por la indecisión, sin poder avanzar, es bueno que sepas que decidir es un acto de liberación.

DECISIONES SOLO PARA HOY

1. Voy a eliminar dos plagas: la prisa y la indecisión. Hoy **viviré con calma y paciencia**, porque la prisa es enemiga de una vida feliz y triunfaré. No permitiré que la prisa me acose ni que la impaciencia me abrume. Hoy tendré confianza en mí.

2. Hoy **aceptaré el mundo como es** porque me ofrece la oportunidad de triunfar en él. Si sucede algo que me desagrade, no me lamentaré ni me mortificaré, agradeceré que haya sucedido porque se puso a prueba mi voluntad de ser feliz.

3. Hoy seré dueño de mis emociones, de mis sentimientos, porque poseo el dominio sobre mí.

4. Trabajaré alegremente, con energía, ánimo y pasión. **Haré de mi trabajo una diversión**. Comprobaré que soy capaz de trabajar con alegría. Comprobaré mis pequeños triunfos.

5. Seré agradable y **cambiaré la crítica en elogios**.

6. **Me sentiré más alegre que nunca**. No me lamentaré de nada. Hoy agradeceré a Dios la alegría y la felicidad que me regala.

7. **Actuaré valientemente** porque el futuro me pertenece. Hoy tendré confianza de que Dios está a mi favor.

8. Contaré mis bienes y **celebraré mis logros**.

9. Decreto que los problemas de hoy se desvanecen. **El futuro se resolverá.**

10. No pensaré en el pasado. No guardaré rencor a nadie. Practicaré la ley del perdón. **Asumiré mis responsabilidades sin echar la culpa a nadie** por los retos. Hoy comprobaré que el amor de Dios es infinito.

11. Haré una buena acción a alguien. ¿A quién? Buscaré a alguien para hacerlo, sin que lo descubran y, al llegar la noche, comprobaré que Dios me ha premiado con un día lleno de felicidad. Y **de mañana haré un día como hoy**.

Capítulo 3

La conciencia despierta

3.1 Tercer nivel de conciencia (consciente despierto)

Vivir en este nivel de conciencia despierto significa comprometerte a mirar constantemente hacia adentro.

Comprometerte a mirar el interior de tu ser mientras vives en un mundo basado en el hacer, la forma, lo material y lo exterior.

Vivir despierto es vivir en autenticidad, para poder abrazar tu verdad, y de ese modo aprender a vivir en libertad.

Muchas culturas han hablado de los seres despiertos como entes que interpretan los acontecimientos de su vida con un talante peculiar.

Un ser despierto que mueve soles y mareas y sabe que es justo todo aquello que llega a ti, y no es casual. Cuando un despierto enfrenta problemas, lo llama retos, por difícil que parezcan, sabe que esto incrementa su aprendizaje y actualiza su conocimiento.

Y ya no hay buena ni mala suerte, ni culpables ni inocentes, ni queja alguna por lo sucedido con apariencia de desgracia.

Tan solo reconoce un flujo de vida detrás de todas las cosas que, a través de luces y sombras, forma una perfecta vida. Para el despierto, el mundo es la plataforma de desarrollo en la que practicar el gran juego del despertar de la consciencia.

La vida de cada día ya no es buena ni mala, simplemente es una oportunidad de aprendizaje y expansión de una visión que todo lo abarca. Se trata de seres humanos que, en un momento del camino, se orientaron a la transparencia. Desde entonces, nada es casual en sus vidas ni en sus obras.

Sienten que las piezas encajan y que todo lo que llega sirve para descubrir sus potencialidades insospechadas. Y también es importante reconocer de quién eres: eres creado por «el ser superior», no importa cómo lo llames, pero es muy valioso para que reconozcas que existe tu «ser interior», pues solo cuando entiendas conscientemente la relación entre tu ser interior y tú, recibirás la verdadera guía.

No eres un ser inferior intentando ponerse a la altura, todo lo contrario, eres el **creador de la primera línea creando tu destino** con todos los recursos que Dios o el universo ha puesto a tu disposición.

Si no existe esa comprensión, no crearás el legado que realmente te pertenece. Cuando no te aprecias, te estás negando la herencia natural, que es la felicidad y la abundancia. Distinguir entre el bien y el mal.

Para conocer mejor la naturaleza humana, irá bien fomentar el deseo de buscar la verdad y de obrar bien, pues a base de obrar mal, la inteligencia se malacostumbra y pierde claridad de juicio. Para la aplicación práctica de esos conocimientos irá bien escuchar el consejo de personas buenas y entendidas.

La conciencia plena es algo distinto, se define como la capacidad de experimentar o sentir, estar alerta, es como la cualidad de percibir plenamente todo lo que nos rodea, sin juzgar, solo contemplando y aceptando. Básicamente para conocerte mejor y comprender que como persona eres un ser integrado por diferentes capas de entendimiento, las que determinan tu experiencia en el mundo según cómo las vayas conectando con la realidad (consciente) o con aquello que irrumpe muchas veces sin saber el porqué y, sin embargo, la respuesta está dentro de ti.

Y sus **creencias son potenciadoras**: *saben que todo es posible, la creatividad está en uno mismo, sus ideas son infinitas, no se acaban, y tienen acceso a todas ellas.*

3.1.1 Creencias

Son la llave maestra.

Las creencias tienen un poder extraordinario, que es el **condicionamiento**.

Es decir, las creencias dirigen tus pensamientos y, por tanto, tienen la capacidad de condicionarte.

Cambiar tus creencias puede cambiar tu vida por completo.

Somos lo que creemos, ni más ni menos. Creamos lo que creemos.

Las creencias son profecías autocumplidas: tu realidad refleja tu propia mentalidad. Si la situación que estás viviendo no es la que deseas, no te queda otra opción que cambiar tu forma de pensar.

Es decir, determinan todo lo que te sucede. Por lo tanto, es sumamente importante elegir conscientemente qué tipo de creencias quieres que rijan tu vida.

Está demostrado que tenemos el poder de modificar nuestras creencias a través de la repetición voluntaria y la experiencia.

CREENCIAS POTENCIADORAS

La vida quiere que tú seas feliz.

Sustituye la palabra «vida» por la que más te resuene. Cuando integras estas creencias, es mucho más fácil que aceptes todo lo que la vida te trae sin poner resistencias. La aceptación es el camino a la felicidad.

Afirmaciones potenciadoras para ser feliz:

- *Estoy libre de dolor y totalmente sincronizada con la vida.*

- *Doy la bienvenida a las cosas buenas en mi vida.*

- *Cruzo todos los puentes con alegría y facilidad.*
- *La vida me apoya de todas las formas posibles.*

TODO ES RELATIVO

En el mundo material de las formas en el que vivimos, no hay ninguna verdad absoluta. Todo depende de con qué lo compares, así que deja de querer tener la razón, de compararte, de sentirte inferior y/o superior, de juzgar a los demás, de etiquetar; porque te estás autoengañando con una perspectiva errónea. No te creas nada que te haga infeliz.

Aquí hay un relato que te ayudará a reflexionar:

Un joven entró a un pueblo cargando una pesada maleta. Sentado en una roca estaba un anciano fumando una pipa.

—¿Cómo es la gente de este pueblo? —preguntó el joven.

—¿Cómo era la gente del pueblo de donde tú vienes? —replicó el anciano.

—Era gente muy desagradable: deshonestos, ladrones, desagradecidos y rencorosos. Siempre estaban peleando entre ellos y tratando de aprovecharse de los otros.

Chisme y resentimiento eran comunes entre ellos. Por eso estoy preguntando antes de entrar, ¿cómo es la gente de este pueblo?

El anciano suspiró y dijo:

—Creo que no vas a encontrar mucha diferencia aquí. La gente de este pueblo es exactamente igual a la gente del pueblo de donde tú vienes.

—Entonces creo que continuaré mi viaje hasta el próximo pueblo —dijo el joven y tomó su maleta, marchándose por el mismo camino.

—Adiós —dijo el viejo y volvió a fumar su pipa.

Después de un tiempo, otro joven llegó a las puertas del pueblo.

—¿Cómo es la gente de este pueblo? —preguntó.

—¿Cómo era la gente de la villa de donde tú vienes? —preguntó el anciano.

—La gente de mi pueblo era muy agradable. Siempre estaban dispuestos a ayudarse los unos a los otros y el amor y la compasión eran lo común entre ellos. Siempre podías encontrar un amigo dispuesto a escuchar tus problemas. Me entristece tener que dejarlos. ¿Cómo es la gente de este pueblo?

—Aquí no encontrarás mucha diferencia. La gente de este pueblo es exactamente igual a la gente de tu pueblo. Bienvenido.

Y el joven entró al pueblo.

TODO ESTÁ DENTRO DE NOSOTROS

Te has dado cuenta de que alguna vez te has topado con personas muy sufridas y en seguida las has juzgado con palabras como: «qué amargada está, qué callada es, qué mala cara tiene», pero no la conoces de nada, probablemente acaba de perder a algún familiar y el dolor le invade.

Por tal motivo, es necesario limpiar tu mente de esos pensamientos negativos que lo único que atraen a tu vida son frustraciones, enfermedades y una serie de lecciones desagradables que vemos ciertas y únicas, creencias que no nos dejan ver la otra realidad que también existe dentro de nosotros. **No ves al mundo como es, sino como eres.**

Afirmaciones de reconocimiento:

➛ *No puedo cambiar a otras personas. Dejo a los demás ser como son y simplemente me amo tal como soy.*

➛ *Abandono todo el miedo y la duda; la vida se vuelve sencilla y fácil para mí.*

- *Dejo ir toda la negatividad que hay en mi cuerpo y mi mente.*

La vida nunca te va a traer una adversidad que no puedas superar.

Por más difícil que sea una situación, siempre encuentras un camino que te trae la solución. Sabes que la vida es un seguir adelante, y tú dispones de muchos más recursos de los que te imaginas.

Hay que ser valiente y aceptar que el cambio forma parte de la vida. Se trata de hacer alguna cosa que nos haga salir de nuestra zona de confort.

Si la persona es capaz de encontrar un sentido a la adversidad, puede convertir sus tragedias en un logro, en una forma de superación para **ver más allá del momento y de lo obvio.**

Afirmaciones de superación:

- *Todas las cosas en el universo, visibles e invisibles, están trabajando para mi bienestar.*

- *Me hago amigo de los impedimentos y cada obstáculo se convierte en una oportunidad.*

El estado natural de tu mente es silencioso, vacío y sereno.

Existen personas que a través del hábito se hacen adictas a estados mentales como la ansiedad, el nerviosismo, la preocupación, la culpa, los miedos, las inseguridades, los celos, las envidias, entre otras emociones.

Llegan a creer que es normal vivir con ese torrente de pensamientos limitantes y se ha convertido en un mecanismo automático, cuando en realidad este mal es privación, no tiene entidad positiva, es negativo y necesita agarrarse al bien para existir. Se produce cuando hay ausencia del bien.

Cuando aparezcan los paradigmas negativos, **no te los creas**. No son quien tú eres ni tienen nada que ver contigo. Son cargas del pasado, suelta, no te pertenecen.

Decide lo que quieras que permanezca en tu mente, es algo que debes elegir conscientemente.

Aquí una profunda reflexión de este escritor inglés:

> «No hay nada más terrible que un silencio mortal,
> con la sensación de un gran ruido alrededor de él».
>
> Jessie Douglas Kerruish.

Tu mente necesita estar en calma para encontrar la belleza humana.

Afirmaciones para abrirse a la vida:

- *Me abro a la belleza de la vida.*
- *Me abro a mi propia belleza.*
- *Tengo una alegría inmensa y maravillosa que ha llegado a mí para quedarse.*

¡LA VIDA NOS DA RETOS, NO PROBLEMAS!

En la sociedad actual se tiende a creer que es normal tener problemas a diario. Es un error pensar que existen problemas reales.

Todo es exactamente tal y como tiene que ser. Solo se trata de una mala interpretación de tu mente y una obsesión por «tus» problemas.

La vida te trae retos, no problemas, que te ayudan a ir más allá de ti mismo.

En cuanto nos enfocamos en aquello que queremos, todo reto (problema) se esfuma y nos da una gran oportunidad para comprobar nuestro nivel de conciencia.

Afirmaciones para transformar cada reto:

- *No me resisto a esta situación. La pongo en manos del amor y de la sabiduría infinita.*

- *Dejo que la idea divina se realice ahora.*

YA TIENES TODO LO QUE DESEAS

¿No es maravilloso estar vivo? Se nos ha provisto de todo lo que tenemos.

No hace falta que busques nada afuera, ya que todo lo que necesitas lo tienes en tu interior.

Las sagradas escrituras nos dicen que fuimos creados por amor, lo cual hace que nuestra naturaleza sea una vida plena de paz, felicidad y amor.

Es necesario reconocer que Dios creó al mundo, los cielos, la tierra, el agua, los mares, las estrellas, la noche y el día, los animales, las plantas y todas las cosas existentes... y por último dijo: «Debo crear al hombre para que en él viva».

Lo hizo por amor a su creación, eso significa que ya se nos fue dado todo lo que necesitamos.

Date cuenta de que es tu mente condicionada la que te hace pensar que no hay nada suficiente, pero ya sabes que eso es totalmente falso.

Es suficiente que lo desees porque es evidencia de que ya existe aquí y ahora.

A cada momento, la vida te aporta todo lo que necesitas. Disfrútalo.

Afirmaciones para la abundancia:

- *Hay mucho para todos y nos bendecimos y prosperamos mutuamente.*

- *Mi Dios es un Dios de abundancia y ahora recibo todo lo que deseo o requiero y más.*

LA FELICIDAD ES UNA VIBRACIÓN CON LA QUE SINTONIZAS

Ser feliz es una elección personal que puedes tomar en cualquier momento. Cuando tú decides que pase lo que pase, vas a ser feliz, nada ni nadie puede cambiarlo. Tanto la felicidad como la libertad, la abundancia, la paz, la plenitud, el éxito, la tranquilidad, entre otras emociones, son estados del ser que no dependen de las circunstancias.

Las ideas conviven en el mundo de la mente, donde las reglas de la escasez o la limitación no existen.

Sin embargo, todas esas creencias se instalan en nuestro interior y hacen acto de presencia a través de nuestra voz interior.

Afirmaciones para el bienestar:

➢ *Ahora estoy inundado con la felicidad que se planeó para mí en el principio. Mis graneros están llenos, mi copa rebosa de alegría.*

➢ *Mi felicidad es un asunto de Dios, por lo tanto, nadie puede interferir.*

➢ *Doy gracias por mi felicidad permanente, mi salud permanente, mi riqueza permanente, mi amor permanente.*

➢ *Interminable bienestar viene a mí ahora de maneras infinitas.*

2.0.2 Los pensamientos

¿Sabías que tus pensamientos controlan tu vida? Las escrituras más antiguas lo declaran en Proverbios 4:23:

«Ante todo, cuida tus pensamientos, porque ellos controlan tu vida».

Otra versión dice: *«Y sobre todas las cosas, cuida tu mente, porque ella es la fuente de la vida».*

También en Proverbios 23:7 encontramos:

«Tal como piensa un hombre dentro de sí, así es él».

¡Así de importantes son nuestros pensamientos! Ellos nos conducen para el bien o para el mal.

Si tu despertar es bueno, nada te podrá perturbar y atemorizar, como ya sabes que en la realidad no existen las pérdidas, carencias o fracasos, siempre que se despierte en la verdad, la pérdida, la carencia o el fracaso se desvanecerán de tu vida, porque todas esas imágenes nacen de tu imaginario vano.

Por tanto, no solo debemos tener cuidado con lo que vemos y oímos, también con lo que pensamos o imaginamos. Si te la pasas meditando en pensamientos deprimentes, tendrás una vida deprimente; si en cambio, meditas en pensamientos alegres, es más seguro que tengas una vida alegre.

En realidad, nuestra vida sigue a nuestros pensamientos. Gran parte del éxito o fracaso en nuestra vida se determina por lo que «nos permitimos pensar», ¡así es!

Yo decido qué pensar y qué no. Todo lo que piensas en tu interior se canaliza hacia el exterior.

Ten pensamientos excelentes y alegres, así serás impulsado hacia la bendición; piensa en todo lo que es verdadero, noble, correcto, puro, hermoso y admirable. También piensa en lo que tiene alguna virtud, en lo que es digno de reconocimiento. «*Mantengan su mente ocupada en eso*» (Filipenses 4:8).

El Maestro Jesús dijo: «*El* hombre puede ser transformado, renovado por su mente», es por eso por lo que todos sabemos que aprender a pensar es aprender a vivir. ¿Quién soy yo? Te habrás preguntado alguna vez. ¡Eres capaz de responderte a ti mismo satisfactoriamente! Una conclusión satisfactoria en cuanto a lo que eres, lo que debe ser tu misión, cuál es tu capacidad y aquello que debes y puedes hacer: un ser mágico en su esencia.

Tú eres para ti la cosa más importante del mundo, la propia conservación es la primera ley de la naturaleza.

Todo comienza contigo. Todas las creencias están en tu pensamiento, cada cosa que haces, todo cuanto tú traes dentro de tu experiencia: amor, familia, dinero, viajes.

Todo se realiza a través de una acción mental, pensamiento consciente o inconsciente.

La vida no juzga y lo único que hace es entregarte abundancia de aquella energía con la que previamente hayas sintonizado.

La vida entiende que aquello que piensas es aquello que deseas y, por tanto, te entrega abundancia de ello. Se trata solo de sintonizar con la vibración adecuada. Si estás en la energía de la abundancia te proporcionará, sin juzgar, más abundancia. En el caso de que hayas decidido sintonizar con la escasez, te facilitará, sin juzgarlo, escasez.

La vida es un espejo enorme que refleja (en abundancia) aquello que piensas, por eso cuando sintonizas con una energía determinada, obtienes más de eso, sea esto lo que sea. Incluso, cuando sintonizas con la energía de la escasez, la vida te proporciona más escasez, hasta tal punto es abundante y generosa. Recuerda que su misión no es juzgar sino estar a tu servicio y facilitarte que obtengas aquello que piensas.

Todo cambia **si tú cambias**, cuando generas pensamientos positivos, que indudablemente te llevarán a momentos de felicidad plena, sin importar la situación en la que te encuentres.

La calidad de tus pensamientos determina la calidad de tu vida. Tú eres real y lo que piensas sobre cualquier cosa que transmitas a los demás, te será devuelto. Pensar y hablar solamente lo bueno, lo justo y lo necesario es una actitud que requiere disciplina y atención consciente en cada momento, y las palabras son reflejo de tus pensamientos en tu mundo exterior.

Afirmaciones de pensamiento positivo:

- *Yo tengo la capacidad para cambiar.*

→ Llenar mi mente de pensamientos agradables es el camino más rápido hacia la abundancia.

→ Estoy divinamente guiado y protegido en todo momento por el poder infinito de Dios.

→ Yo soy como soy y tú eres como eres, construyamos un mundo donde yo pueda ser sin dejar de ser yo, donde tú puedas ser sin dejar de ser tú, y donde ni yo ni tú obliguemos al otro a ser como yo o como tú.

2.0.3 La palabra hablada tiene un enorme poder

«Por la palabra de Jehová fueron hechos los cielos, y todo el ejército de ellos por el aliento de su boca» (Salmos 33:6).

La fuerza creativa de ese Dios radica en su palabra, la cual hizo todas las cosas maravillosas y hermosas que hoy existen; a diferencia de todas las cosas, nosotros somos semejantes a nuestro creador.

¿En qué sentido? Por un lado, podemos reflejar cualidades divinas, como el amor y la justicia. Y al igual que él, tenemos libre albedrío para crear nuestro destino.

También quiero señalar que el poder de la palabra de Dios no se limitó a crear únicamente en la creación. Esa palabra sigue creando hasta el día de hoy, debido a su enorme fuerza y poder en el hombre.

Una palabra, al ser expresada, actúa como una pequeña semilla que genera vida a lo que estamos diciendo, convirtiéndose en energía pura que atraerá una acción o suceso.

El que quiere amar la vida y ver días buenos, refrene su lengua del mal y sus labios no hablen engaño.

Si queremos ver días mejores en tiempos difíciles, las palabras que decimos pueden hacer la diferencia.

«La muerte y la vida están en poder de la lengua. Cuando afrontamos una situación, la respuesta en nuestro corazón es expresada por nuestra boca y hablamos lo que

creemos porque de la abundancia del corazón habla la boca» (Proverbios 18:21).

«El hombre bueno, del buen tesoro de su corazón saca buenas cosas; y el hombre malo, del mal tesoro saca malas cosas» (Lucas 6:45). Más claro no se puede expresar.

La función de las palabras y del lenguaje es enunciar lo que hay en nuestra mente, que exterioriza los pensamientos hasta que se manifiestan por nuestra propia voluntad. Por eso no debemos permitir que las falsas expresiones continúen limitándonos.

Esto nos muestra el enorme poder que tenemos para ordenar la forma en que queremos que actúe la energía de Dios, que es el poder de la palabra en nuestra vida diaria, y que las palabras destructivas lanzadas sin control pueden destruir cualquier cosa. Por esta razón, debemos eliminar las expresiones imperfectas de nuestra vida.

Te propongo que pongas atención a todo lo que tú decretas en un solo día.

- *Los negocios están fatal. Todo es una ruina.*
- *Las cosas andan muy mal. La juventud está perdida.*
- *El tráfico está imposible. Siempre llego tarde.*
- *El servicio está insoportable. No se consigue servicio.*

- *No dejes eso rodando porque te lo van a robar. Los ladrones están asaltando en todas las esquinas. Tengo miedo de salir.*

- *Mira que te vas a caer. Cuidado que te matas.*

- *No salgas a la calle porque te va a atropellar un coche.*

- ¡Vas *a romper eso! ¡Traes muy mala suerte!*

- *No puedo comer eso, me hace daño. La comida me hace daño.*

- *Tengo mala memoria...*

- *Solo vivo enfermo. Mi enfermedad me está matando.*

- *Mi dolor de cabeza... Mi reumatismo... no me dejan hacer nada.*

- *Mi mala digestión... no me deja vivir.*

Ninguna enfermedad te pertenece, no lo decretes como si fuera algo bueno para ti. No reafirmes aspectos negativos que condicionan tus pensamientos y lo que sientes.

Incluso hay madres que decretan enfermedades para sus hijos. Aquí una reflexión:

Una madre pregunta a otra madre:

—¿Tu hijo ya cogió varicela?

—Aún no —respondió la otra.

Eso significa que ella **aún** está esperando la enfermedad para su hijo.

No te sorprendas ni te quejes si al expresarlo lo ves ocurrir. Lo has decretado. Has dado una orden que tiene que ser cumplida. Ahora recuerda y no olvides jamás: **cada palabra que pronuncias es un decreto.**

Jesús afirmó dos cosas fundamentadas sobre el poder de la palabra, la primera :

> «Por tus palabras serás condenado y por tus palabras serás justificado».

Y la segunda referencia fue:

> «No es lo que entra por su boca lo que contamina al hombre, sino lo que de su boca sale; porque lo que de la boca sale, del corazón procede».

Las palabras son como la medicina, pero más efectivas cuando se aplican apropiadamente. Si tengo dolor de cabeza, no me coloco una venda en la cabeza.

Si me corto, no me coloco una aspirina en la herida.

Sabemos cómo aplicar la medicina en el plano físico y debemos aprender a hacerlo en el plano espiritual. Si usted aplica la palabra en su vida, así como aplica medicamento a una herida o dolencia, se sorprenderá del poder que se desatará en su vida.

Elige las palabras adecuadas en cada momento, es necesario para crear una vida extraordinaria.

Las palabras constructivas pueden hacernos sentir maravillosamente bien e inspirarnos. Utiliza palabras como:

- *Me gusta.*
- *Todo va súper bien / Estoy genial.*
- *Te lo agradezco mucho.*
- *Te quiero.*
- *Infinitas gracias.*
- *Excelente / Fantástico / Fabuloso / Genial / Estupendo.*
- *Deseo lograr... Puedo conseguir.*

→ *¡Adelante!*

Las palabras son alimento para la mente. Despiertan algo en nosotros que hace que consigamos realizar con más facilidad nuestros deseos y propósitos.

¡HABLA EN GRANDEZA!

La luz siempre triunfa sobre la oscuridad, y es aquí donde está el poder de la palabra.

Cambia tus palabras y en un abrir y cerrar de ojos, todas tus condiciones cambiarán. Tu mundo es un mundo de ideas y palabras cristalizadas. Tarde o temprano cosecharás los frutos de tus palabras y pensamientos.

Es decir, expresa lo que quieras **vivir o sentir**.

Haz un análisis de tu día a día anotando las palabras que utilizas con habitualidad en tus conversaciones y en tus pensamientos. Haz la lista más larga que puedas y luego intenta clasificarlas. ¿Estas vibrando en positivo o estás vibrando en negativo? ¿Qué dicen tus palabras y pensamientos de ti y de tu vida? ¿Cuál es la actitud implícita en el uso de esas expresiones?

Una vez hecha esa lista y habiendo valorado cómo estás viviendo y sintiendo tu vida, te propongo hacer un cambio de mentalidad y actitud para agregar a tu día a día las palabras positivas y poderosas.

Para ayudarte puedes utilizar el listado que has hecho y cambiar la lista de palabras que a continuación te propongo:

Fantástico; maravilloso; estupendo; grandioso; genial, estupendo, fenomenal; orgullo; glorioso; magnífico; grande; buenísimo; a las mil maravillas; espléndido; fabuloso; resplandeciente; excelente; fabulosamente; brillante; imparable; gigantesco; precioso; tremendo; excepcional; legendario; extraordinario; generoso; bondadoso; impresionante; con generosidad; enorme; inmenso; majestuoso; poderoso; admirable; asombroso.

Solo haciendo este cambio de sintaxis experimentarás cambios extraordinarios en tu vida.

El poder de la palabra es lo que infunde tu estado de ánimo, tu motivación ante la vida y verás un cambio de actitud que te hará mucho más resiliente y optimista para conseguir lograr tus sueños, para conseguir alcanzar «tu vida soñada».

Dígase como quiera decirse, pero el resumen es cuidar que nuestra boca exprese solo aquello que deseamos hacer y que genere un sentimiento que ponga en marcha el mecanismo para convertirlo en realidad.

LA MENTE SUBCONSCIENTE NO ENTIENDE LAS IRONÍAS

La mente subconsciente no tiene sentido del humor y, por tanto, no entiende ni de ironías ni mucho menos de sarcasmos. No entiende las bromas «ni de buen gusto ni de mal gusto» que recibimos de otros, ni mucho menos de nuestras propias bromas.

Ya sabemos que la palabra tiene un gran poder y, según las personas que estudian los procesos subconscientes, cualquier cosa que decimos, nuestro inconsciente lo interioriza como una afirmación.

Decir, por ejemplo, «estoy gorda» significa para el subconsciente que hay que portarse como una persona gorda: hay que comer más de lo que se necesita para acumular grasa. ¿Cuántas veces has hecho afirmaciones irónicas o sarcásticas sobre ti misma? La repetición es una manera de anclar hábitos.

¡TU PALABRA ES LA EXPRESIÓN MÁS PODEROSA QUE EXISTE!

«Yo os digo pedid y se os dará; buscad y hallaréis; llamad y se os abrirá. Porque todo el que pide, recibe; el que busca, halla; y al que llama se le abrirá» (Lucas 11, 9).

Pide lo que quieras, no pidas nada que no quieras.

No debes creerme, debes comprobarlo.

Sé de una persona que conoce muy bien el poder de la palabra, y constantemente manifiesta grandes milagros en su vida. En una ocasión ella me dijo: «¿Sabes, Asteria? Yo siempre digo que el universo me concede todo lo que yo quiero». Es porque ella utiliza las palabras correctas en cada ocasión.

Aquí te comparto alguna de mis experiencias del poder de la palabra hablada.

Hace dos años aproximadamente recibí una carta de la gestoría inmobiliaria con quien tenía un contrato de alquiler de mi apartamento. El comunicado era que el precio de mi apartamento subía de valor.

En seguida pensé y dije: «Bueno, esto significa que voy a ganar más dinero».

No tuve ninguna preocupación, estaba segura de que iba a tener el dinero para el alquiler, tenía fe en Dios y en los milagros. Sabía perfectamente que «si yo creía» todo mi ser iba a promover que se abrieran puertas, vías y caminos hacia la abundancia porque lo estaba decretando.

El dinero para el alquiler me llegó de la manera más correcta y sorprendente: a los pocos días de ese comunicado recibí otro, pero esta vez era de mi trabajo con el aumento de salario. Ahí estaba, pues, el dinero para el alquiler de mi apartamento.

Siempre se debe decretar que lo queremos y creemos, y será hecho. También tenemos que hablarle a cualquier situación para cambiarla.

Aunque te sientas molesto por temas económicos, o incluso si no eres rico, repetir la frase «Gozo de abundancia. Tengo suficiente dinero», te impulsará a tener éxito financiero.

El éxito, la felicidad, la perfecta salud, todo lo material está a tu disposición, solo tienes que apropiarte, solo tienes que declararlo con tu boca y alimentarlo con aliento desde tu corazón. Nuestra mente es muy poderosa.

2.1 Merecimiento

CUANDO TE SIENTES MERECEDORA, ESTÁS ABIERTA A RECIBIR TODO LO QUE DESEAS

Dios solo te espera a ti, para que le digas todo lo que deseas y poder dártelo.

El merecimiento, la abundancia y la prosperidad hacen que vibres más alto, porque te colocas en una posición en la que dices: «¡Yo me merezco todo lo bueno!».

Para atraer lo que deseas es necesario **cultivar la sensación de sentirse merecedora**, porque así estás permitiendo que todo lo bueno llegue a tu vida.

La sanidad, la prosperidad económica, la felicidad en general, seguridad y estabilidad, el amor y bienestar de tu familia o tu pareja, disfrutar de los pequeños placeres de la vida, sentirse realizado... todo eso es tuyo porque te lo mereces, no porque hayas hecho algo, sino porque Dios te hizo una persona merecedora de todo ello y porque tú no eres un impostor y tienes que vivir en coherencia con esos deseos de abundancia y riqueza.

Ahora bien, ¿por **qué te cuesta tanto sentirte merecedor/a?**

La idea del merecimiento viene dada por los mensajes de nuestros padres cuando éramos pequeños, y no solo los mensajes verbales, sino las experiencias y todo lo vivido, donde un cerebro infantil, que no tiene capacidad de procesar con madurez todos esos *inputs*, se encuentra limitado y adquiere esas creencias como dogmas vitales, lo que se denomina «creencias limitantes».

En psicología Gestalt se habla de los denominados «INTROYECTOS» que definen muy bien cuál es el motivo por el cual asumimos estas «creencias limitantes».

Fritz Perls, uno de los psicólogos destacados, define el concepto de introyección como «el mecanismo neurótico mediante el cual incorporamos dentro de nosotros patrones, actitudes, modos de actuar y pensar que no son auténticamente nuestros». En pocas palabras, «nos tragamos» todo aquello que nos dicen o vivimos, nos lo creemos y lo hacemos nuestro, por tanto, condicionamos nuestra vida según esos introyectos.

Pongo un ejemplo:

> Cuando los padres le dicen a sus hijos que si no se comen la cena no se merecen ver la tele, ese mensaje queda registrado en la mente inconsciente.
>
> Los niños, cuando son pequeños, no tienen la capacidad de discernir de manera racional qué significado tiene el mensaje recibido y todo el lenguaje va directo a la mente subconsciente sin revisar.

O sea, si no me acabo la cena, no me merezco ver la tele porque no me he portado bien. Este es el registro que queda archivado en la mente.

Hay muchos mensajes de estos derivados de castigos por no haber hecho algo reforzando el «NO MERECIMIENTO» y el mensaje mayoritario que queda grabado es: «**Yo no me merezco algo si no he hecho algo bien antes**»; y de mayor, cada vez que venga algo bueno a su vida sin esfuerzo, va a pensar que no lo merece porque en su archivo mental está así registrado como un mandato o creencia.

El trabajo para cambiar este tipo de creencias (o cualquier otra que arrastramos desde nuestra infancia) es detectar si hubo o no mensajes de ese tipo. Si los hubo, hay que desmontarlos y crear registros nuevos de merecimiento positivo.

Realizando un análisis según lo explicado hasta aquí,

¿podrías identificar si existen «creencias limitantes» que estén afectando tu vida? ¿Podrías hacer una lista e indagar de dónde provienen? Es importante que hagas este ejercicio porque te ayudará a ser consciente de lo que te limita y de este modo poder cambiarlo. Recuerda que lo importante es: «ser consciente porque genera opciones».

El trabajo en **el cambio de creencias es fundamental para que cuando venga algo positivo a nuestra vida rompamos con el automatismo fabricado de nuestro inconsciente**, por tanto, reconocerlo y aceptar de manera automática que todas las cosas buenas llegan para nosotros y somos merecedores de esas cosas buenas.

Lo importante es **hacer consciente lo inconsciente**, por tanto, aquí te dejo algunas preguntas que puedes hacerte para detectar si tienes el automatismo del merecimiento saludable creado en tu mente inconsciente, o si, por el contrario, necesitas revisar tu relación con el merecimiento:

2.1.1. ¿Qué cosas no tengo y me gustaría tener?

2.1.2. ¿Siento que me las merezco?

2.1.3. ¿Qué cosas me merezco en la vida?

2.1.4. ¿Qué reglas de merecimiento viví en mi infancia y adolescencia?

Simplemente debes darte el permiso de sentirte merecedora de todo lo que deseas.

Este ejercicio junto con el anterior, te puede dar un conocimiento íntimo y muy personal de todas esas creencia limitadoras para empezar a trabajarlo, para romper con ello y decretar sentirte merecedor de lo que quieres y de esta manera dar forma a tu vida soñada.

Afirmaciones de merecimiento:

Las afirmaciones para sanar y tener merecimiento son una ayuda para reprogramar la mente y lo que creo que soy:

- *Soy digno y merecedor de todo lo bueno, no solo de algo o de un poquito, sino de todo lo bueno.*

- *Merezco la vida, una buena vida.*

→ *Merezco el amor, abundancia de amor.*

→ *Merezco la buena salud.*

→ *Merezco vivir una vida próspera.*

→ *Merezco la libertad de ser todo aquello que soy capaz de ser.*

3.5. La fe

La fe es tener la seguridad plena de que lo que estamos pidiendo o esperando ya es una realidad que solamente aguarda el tiempo de su cumplimiento o materialización. Es estar convencidos de que lo que estamos esperando ya es un hecho por ser consumado.

Existen diferentes formas de manifestar la fe cuando hablamos de la necesidad de **creer en algo**.

Me refiero a la necesidad de los seres humanos de creer en algo o en alguien más allá de nosotros mismos.

Sin importar nuestras creencias, en algún momento de nuestras vidas tendremos la oportunidad de experimentar las diferentes formas de manifestar la fe. Cada camino es particular, no es mejor ni peor, solo diferente.

No importa que a tu alrededor te digan que ese milagro es literalmente imposible. Desecha todo lo que obstaculice tu fe, pon la mirada en tu creador y... ¡adelante!

¿Hay límites para recibir milagros?

Definitivamente no, porque el poder de Dios es ilimitado.

¿Hasta dónde llega el poder de Dios?

Hasta donde podamos creer. «Cuando las vasijas estuvieron llenas, dijo a un hijo suyo: "Tráeme aún otras vasijas". Y él dijo: "No hay más vasijas". Entonces cesó el aceite» (2 Reyes 4:6).

Si tan solo tenemos fe, la respuesta será manifestada en milagros.

¿Será tan importante ver muchos milagros? Lo importante es que haya fe para recibir muchos milagros.

Vivimos en un mundo donde algunas cosas son las mismas de siempre, es verdad, pero otras han cambiado y son muy diferentes.

Estoy convencida de que todo empieza cuando nos volvemos capaces de descubrir las cosas buenas que tenemos. Me dirás que solo con eso no llegas a ningún lado y yo te diré que sin eso no empiezas ni a empezar. Ningún camino comienza si no se da el primer paso, y en este caso es descubrir algo valioso en ti. Encontrar algo de lo que puedas presumir.

Verdad... que Dios te puso ojos para ver, oídos para oír, corazón para reflexionar e intelecto para deliberar.

Quiero que durante unos minutos reflexiones sobre estos aspectos: ¿Qué crees que no te mereces y cuál es su motivo? ¿No tienes nada bueno? ¿No hay nada en ti que sea valioso?

Déjame que te comparta esta historia:

Un hombre lloraba sentado en el liso suelo de una plaza:

—No tengo nada. Estoy en la ruina. Soy el más pobre y desposeído de todo el pueblo.

—¿Te gustaría tener algo de dinero? —preguntó un desconocido al escucharlo.

—¿Lo ves? Hasta me ofreces limosna... ¡Qué *terrible es mi situación!*

—No te ofrezco limosna. Quiero comprarte algo —dijo el hombre.

—¿No te das cuenta de que no tengo nada? ¿No *lo entiendes?*

¿No *me ves vestido con harapos y durmiendo en esta plaza?*

—Eso es. Yo no veo muy bien. Un famoso cirujano me ofreció devolverme la vista si conseguía dos ojos sanos. Te compro los tuyos.

El hombre retrocedió asustado. Quien le hablaba estaba loco o borracho.

—No creas que estoy borracho —se le adelantó a sus pensamientos—. Te ofrezco un millón por tus dos ojos.

—Estás loco —dijo—. Vete de mi vista antes de que te dé un puntapié.

—¡Eso! —dijo el comprador—. ¡Eso! También podría ofrecer un millón por tus pies, los míos casi no me sostienen.

El hombre levantó el puño amenazante y gritó enfurecido:

—Si no te vas de aquí ahora mismo...

—Dos millones por tus manos —fue la única *respuesta.*

De pronto se dio cuenta de que el extraño viajero hablaba en serio. Lo supo cuando vio que de sus mangas anchas asomaban dos deformes muñones.

—Vete. Te lo pido, por favor. No quiero venderte nada de lo que me pides, ¡nada! *Vete, por favor.*

*—Eres muy afortunado, ¿*lo *sabías?*

El hombre hizo una pausa y luego dijo, casi para sí mismo:

—Acabo de enterarme...

¡Si todo el reino es para ti, solo tienes que reclamarlo! Pero no puedes ni siquiera soñar con reclamarlo si en tu oscuridad crees que nada vales, que eres un mendigo.

Este día es la oportunidad de convertirnos en el hombre o en la mujer que cada uno sabe que puede ser. Todo es posible para aquel que cree en la totalidad de la creación.

Hay un poder infinito en cada hombre con las ideas perfectas, y un plan divino para cada persona.

Hay un lugar que usted debe ocupar y que ninguna otra persona puede hacerlo; usted tiene una tarea por hacer que ninguna otra persona puede cumplir.

La abundancia es la esencia de la naturaleza, así que tú, que formas parte de la naturaleza, también eres en esencia abundancia. Si de un pino cortas una rama y obtienes un trozo de madera, ese pedazo nuevo aún seguirá siendo madera de pino. Tú eres una pequeña parte de un mundo abundante y, por lo tanto, tu esencia es la abundancia.

La abundancia suele confundirse o relacionarse directamente con el dinero, los negocios o lo material, pero eso es un error, porque nuestra vida puede ser abundante de manera generalizada, en nuestras relaciones personales, en el disfrute de buenos momentos, en la realización profesional, en el reconocimiento...

Todos conocemos personas que aun teniendo gran cantidad de riqueza y de recursos materiales o aparentemente grandes relaciones interpersonales, se sienten desdichadas y vacías, es decir, a pesar de todo lo que ya tienen en su vida, esta es carente, por tanto, no viven en consonancia a la abundancia, sino probablemente en el NO MERECIMIENTO.

«La abundancia no es algo que adquirimos,
es algo con lo que nos conectamos».

Wayne Walter Dyer.
Psicólogo y escritor.

La abundancia consiste en la profunda comprensión de que nunca nos va a faltar nada, identificando que la vida tiene muchas formas de ofrecernos sus virtudes y que nosotros, como parte del todo, tenemos la capacidad de «dar y recibir» como una pieza más del universo o lo que Dios quiere para nosotros.

¿Cómo atraer la abundancia a tu vida? Estas podrían ser algunas de las pautas a seguir:

- Creerse merecedor/a de lo bueno de la vida.

- Sentir merecedores a nuestros prójimos de felicidad y el mismo sentimiento de abundancia.

- Actuar con constancia y cultivar el esfuerzo.

- Entregarse completamente a todo lo que haces.

- Compartir la abundancia recibida, ser altruista y servicial.

- Ser agradecido/a con lo recibido y compasivo.

- Ser un buen ejemplo y ayuda a los demás.

Mensajes para ti

La abundancia es una actitud ante la vida, que se refleja en un estado de conciencia que nos permite afrontar cualquier situación que nos encontremos con optimismo y una mayor predisposición de éxito.

Si nuestra mente es abundante, nuestra vida es abundancia.

Todo lo que te preocupa tiene solución: consiste en tener fe. Así de fácil.

No hay silencio que Dios no entienda, ni tristeza que no sepa, no hay amor que Él *ignore, ni lágrimas que no valore. Dios te ama y siempre está contigo.*

Cuando realmente tomes el control del poder de la conciencia, tendrás que hablar con la sonrisa, con los ojos; sobran las palabras, abrazar de corazón tu paso por la vida y apreciar lo que se muestra a tu paso es tu deber: todas las personas, los acontecimientos, son la bendición más grande para aportar en nuestra luz y verdad con sencillez para hacer de este mundo, de esta vida, un momento mejor, más equilibrado, más pleno.

De pronto tu vida cobrará su sentido, porque hay una fuerza poderosa interna que aparece en ti, una fuerza visible e invencible que te pone en marcha.

Te sentirás con poder, radiante, abundante y te permitirás brillar con toda tu grandeza, mostrándote al mundo de forma auténtica, sin máscaras y encontrando un sentido más profundo a tu vida. Te convertirás en el puro gozo de vivir consciente desde el amor.

Tú posees un don especial y único que te hace diferente al resto de las personas, con ese don podrás hacer lo que te gusta, y verás que el mundo lo necesita y te pagarán por ello.

La vida es abundante, está a nuestro alcance si tan solo estamos dispuestos a vivir en abundancia y a hacer de nuestra vida una obra maestra. Podemos responder a ello o quedarnos en nuestra cueva en lo que yo llamo nuestra «incómoda comodidad», donde el resultado es la escasez o la abundancia, el dolor o el amor, la insatisfacción o la plenitud. La elección es de cada quien.

Sea cual sea nuestra edad, nuestras circunstancias y nuestras aptitudes, cada uno de nosotros puede hacer de su propia vida una vida soñada y descansar en la plenitud que ya somos.

Sé generoso y amigable con tus planes y con lo que deseas tener porque ya es tuyo.

Todos hemos venido a este mundo para hacer algo. ¡Algo extraordinario!

Espero que si has llegado hasta aquí, haya podido compartir contigo mis experiencias y conocimientos para que puedan ayudarte a situarte en el camino de la búsqueda de tu felicidad.

Te agradezco con mucho cariño y te doy un millón de gracias por ser parte de este maravilloso viaje y te deseo mis mejores felicitaciones y mayores éxitos desde la abundancia y el amor.

Espero haberte ayudado con este libro en orientar tu vida para cumplir con tu vida soñada.

La grandeza es posible y tú eres merecedor de ello.

Agradecimientos

Escribir un libro ha sido un reto, y al mismo tiempo algo más gratificante de lo que jamás hubiera imaginado.

Nada de esto hubiera sido posible sin los empoderamientos de mis entrenadoras Bely Torres y Geo Murillo, mujeres de grandes valores.

Finalmente, agradezco a todos los que han sido parte de mi proceso: mi maravillosa amiga Ángela Hurtado; por supuesto, a mi familia, en especial a una de mis hermanas, Olivia Reyes, gran referente para mí, a pesar de la distancia siempre está conmigo escuchándome para darme sus mejores consejos. Edwin Molina, otra persona que se ha convertido en mi mayor cómplice, apoyándome incondicionalmente junto a mis otros amigos. Sin duda la lista es grande. Millones de gracias a cada uno.

A tu servicio, con amor:

Asteria Reyes.

ÍNDICE

Este libro se terminó de editar en Granada
en abril de 2024 por

Aliarediciones

www.aliarediciones.es

info@aliarediciones.es